井上裕之
Inoue Hiroyuki

1日1分 蓄財王・本多静六の 金言

価値ある人生をつくる生き方

さくら舎

0

どんな時代、どんな境遇でも、
またどこにいても、
誰でもすぐに幸福になり、
かつ永久幸福に生きる
処世《しょせい》の秘訣を説明する

——伝説の蓄財王が教える、すぐに、永久に幸せになる秘訣

はじめに

限りある自分の時間を、ムダに使ってほしくない。

本を書くようになって15年がたち、さまざまなジャンルの本を書いてきましたが、結局、言いたいことはこれに限ります。

人生は一度きりで、二度はない。価値ある人生を生きたほうがいいに決まっている。ムダなことをするほど人生は長くない。

60歳になった節目の年、振り返ってみると、すべての著書で、いろんな角度から「毎日、幸せになるための努力をしましょう」とお伝えしてきました。

懸命な努力が、仕事、お金、人間関係、プライベートにおける理想を実現させます。

努力なしに何かを得ることは不可能です。

精神的にも、物質的にも、欲しいものを得る近道は、努力すること。

努力することこそ、絶対で、王道の法則です。

ただ、こんなストレートで当たり前のことを言っても、誰にも話を聞いてもらえません。また、努力と聞くと、苦痛を感じて拒絶反応を起こしてしまう人もたくさんいます。

必要だとわかっていても、できないのが努力なのです。

とは言え、努力することは、幸せになるための原理原則。

どうすれば、この当たり前で、つらいイメージのある〝努力を重ねる大切さ〟をうまく伝えられるのか長い間考えていました。

最終的に考えついたのは、**「努力が楽しくなる方法」を「伝説の億万長者」が教えてくれれば、みんな聞く耳を持ってくれるのではないか**、ということです。

「人生即努力、努力即幸福」。こう言って、**努力を楽しくする工夫を考え抜いた人がいます。**知る人ぞ知る人物で、東大教授で、蓄財王です。

その人物の人生哲学は長年、幅広い世代の成功者たちに学ばれ続けています。

仕事もお金も人脈も家庭生活でも大成功した人物が、「幸せになるための努力の秘訣」を教えてくれるのなら、聞いてみてもいいと思いませんか？

●仕事、お金、人脈で満足するための、努力を楽しくする仕組み

日本、伝説の億万長者、本多静六先生について、ここで少しお話ししましょう。

東京大学教授、林学者であり、蓄財の神、蓄財王と呼ばれた人物です。

日比谷公園の設計や全国の国立公園の設置など、多くの事業で本多先生の力が大き

く影響しており、日本の林学の創始者です。

また、貯蓄と投資を駆使して、100億円の資産を形成したと言われています。経済界の巨人・渋沢栄一、早稲田大学の創設者・大隈重信など、日本を動かす政財界の人々との親交も深かった、知る人ぞ知る大富豪、知識人です。

本多先生に関しては後に詳しくご紹介しますが、経営者や投資家など、幅広い世代の人々に今なお根強い人気を博しています。

なんと著書が376冊もある知の巨人で、その人生・成功哲学は世に大きな影響を与えました。

本書では、そんな本多先生が語った「名言」を101個紹介しています。

お金、仕事、人間関係、生活全般で満足し、成功を収め、幸せを得られる金言です。1日一名言を、1分ほどで読める本のつくりにしました。

つらいとき、困難な状況にいるとき、逆境にあるとき……。逆に、成功や目標達成に向かって前進しているとき、理想を実現しようとしているとき……。

そんなときに読むと、内なる力、元気がわいてくる名言です。

名言の内容はリアルな話です。「人生即努力、努力即幸福」という、現実路線の人生哲学です。だからこそ、価値があります。

努力によって、精神的に、物質的に自分を満たすことが幸福である。努力を楽しむ、そうすれば幸福になれる。

本多先生はただの大富豪ではありません。幼少期は貧しい生活を余儀なくされました。学校に入ると、数学の試験で落第もしました。

境遇も頭脳も、もともと恵まれていたわけではありません。

そんな本多先生が**いかに工夫し、努力していったか。どうすれば、努力を、楽しく、確実に行なっていけるのか。**

本多先生が生涯をかけて仕組み化していった、努力が楽しくなる、続ける工夫の数々をご紹介します。

● 101の金言で潜在意識が働く

本業は歯科医の私ですが、同時に、潜在意識の世界的権威から、世界初のグランドマスターとして認定された、潜在意識の専門家でもあります。

今回は、本多静六先生の言葉を、現代風にわかりやすく、そして、潜在意識を働かせるという視点から解説しています。

私は交通事故に遭《あ》い、死と自分の距離がとても近いことを実感しました。事故による苦悩の日々から1日も早く抜け出すために、世界中の成功プログラムを学びました。

成功、それにひもづいた幸せのために、潜在意識の活用は必須です。

一般的に、意識は、潜在意識と顕在意識に分けられ、おおよそ顕在意識4％、潜在意識96％の割合で成り立っていると言われています。

つまり、私たちは、多くのことを「無意識に行なっている」ということです。

潜在意識は、無意識レベルでの選択と行動を行ないます。そのため、潜在意識には、成功や幸せになるためのポジティブな要素を入れて、溜《た》めなければなりません。だからこそ、潜在意識が働く言葉を101個厳選しました。

ぜひ、この言葉をあなたの中に入れて、**無意識レベルで、成功、幸せをつかむ選択と行動を行ないましょう。**新しい自分となってください。

●あなたは100％ポジティブな世界で生きられる

当然ですが、努力すると能力が上がります。努力を継続すると、大きな成果が出ます。これらは当然のことです。

ただ、私は、努力には、もうひとつの効用があるように思います。

努力をしているとき、人は「今に集中する」ということです。

私たちをネガティブにするのは、未来への不安と過去の負の記憶です。**「今を精いっぱいやれている」という感覚は、未来への希望と過去へのポジティブな解釈へとつながります。**感情も乱れることがありません。

未来は自己実現につながり、過去の過ちは成功へのプロセス。

こう捉《とら》えられると、１００％ポジティブな世界に身を置くことになり、潜在意識はあなたを自己実現させるために思う存分働いてくれます。

本書は、『私の財産告白』（本多静六／実業之日本社）、『人生計画の立て方』（本多静六／実業之日本社）、『私の生活流儀』（本多静六／実業之日本社）、『お金・仕事に満足し、人の信頼を得る法』（本多静六／三笠書房）、『たのしみを財産に変える生活』（本多静六／河出書房新社）を参考にすることで、つくることができました。

ぜひ、これらの書籍も読んでみてください。出版社の方々が教えを伝え続けてくれたから、私は学ぶことができました。ありがとうございます。

では、最初から読んでも、気になる名言から読んでもいい。一気に読んでも一項目ずつ読んでもいい。肩の力を抜いて好きなように、読み進めてください。

井上裕之

●本多静六先生を初めて知った人へ

本多静六先生は、1866年に生まれ、1952年に85歳で亡くなりました。晩年の肩書は、東京帝国大学（現・東京大学）教授・名誉教授であり、日本の林学の創始者と言える人物です。東京の日比谷公園、明治神宮など、日本を代表する公園の設計を手がけました。

一方で、蓄財の神様、蓄財王と呼ばれ、現在の価値で100億円もの資産を形成したと言われています。

「4分の1天引き貯金」「ちょっと貯まったら投資に回す（株式、山林、土地への投資）」「無理をせず辛抱強く好機を待つ」という手法で資産を増やしました。

また、本業以外からの収入源を得る意味もあり、「1日1ページの文章を書く」ことを習慣とし、生涯に376冊の本を書きました。

著書では、「人生即努力、努力即幸福」「職業の道楽化」のモットーのもと、独自の生活指針を述べ、人々に大きな影響を与えました。日本の人生哲学、成功哲学の源流とも言えます。

本多先生は、埼玉県の十数代続いた村一番の大家、折原家に生まれ、幼い頃は勉強嫌いの乱暴者でした。

11歳のときに父が亡くなり、この頃から家運が傾きます。静六少年は家事の農作業を手伝いながら、勉強に励むようになります。

14歳のときに、兄の先生である島村先生の家の書生となり上京します。以後3年間、1年の内、半年は上京して勉強し、農繁期の半年間は帰省して農作業を手伝う生活をするようになります。

19歳の春に官立東京山林学校へ入学。正規の勉強をしていなかったこともあり、入学時の成績は最下位に近いものでした。

第一期の数学の試験で落第し、悲観して古井戸に投身しましたが、死にきれませんでした。思い直して決死の勉強を行なうと、めきめきと成績を伸ばし、最優秀者として銀時計を与えられるほどになります。

これにより、自分のような覚えの悪い人間でも、努力次第で天才のようになれると自信をつけます。

卒業すると、ドイツに留学します。前年に、本多詮子と結婚し、本多家の婿養子となります。費用を本多家が出すということで、留学が決まりました。

ターラント山林専門学校へ入学し、その後、ミュンヘン大学へ転向します。しかし、養父が用意していた留学費用が詐欺にあい、資金不足に陥《おちい》り、4年の留学が2年に縮められます。

本多先生はすさまじい勉強で、ドクトル・エコノミーの学位を見事に得ました。帰国すると、25歳という若さで、東京帝国大学農科大学の助教授に抜擢《ばってき》されます。その後、日本初の林学博士となり、東京帝国大学農科大学教授となりました。

山林の使いみちや効果、林学宣伝の啓蒙活動を行ないながら、日比谷公園の設計、明治神宮の造林、国立公園や大学演習林の設計や改良などの大きな実績を残します。

助教授時代から、給料の4分の1の金額を貯金し、残りのお金で生活する「4分の1天引き貯金」を始めます。

まとまったお金が貯まると、株式、山林、土地への投資に回し、巨万の富を築きました。

停年退職すると、家族に最小限度の財産を残して、社会事業に寄付しました。

本多静六先生は、各方面で多大なる功績を残した偉大な人物です。

その人生哲学は、幅広い年代の、投資家や経営者など、あらゆる業界の成功者から、今もなお支持されています。

目次

第1章

いつからでも幸せになれる
～今から、潜在意識を働かせよう～

第2章 弱さを手放す準備

～ネガティブな解釈をポジティブに変えるコツ～

第3章 努力は快感になる
～人は必ず上手になる～

第4章 すべてを楽しむ余裕を得る
～遠慮せずに思いっ切りやっていい！～

第5章

一点に深く集中する
～当然、やり続ければ勝てる～

第6章 品格がお金と成功を引き寄せる
～大きな器いっぱいに成果を入れる～

第7章 心配と無縁に生きる ～新しい自分で100％幸福な人生を歩む～

参考文献

『私の財産告白』（本多静六／実業之日本社）
『人生計画の立て方』（本多静六／実業之日本社）
『私の生活流儀』（本多静六／実業之日本社）
『お金・仕事に満足し、人の信頼を得る法』（本多静六／三笠書房）
『たのしみを財産に変える生活』（本多静六／河出書房新社）

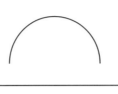

1日1分　蓄財王・本多静六の金言

――価値ある人生をつくる生き方

第1章

いつからでも幸せになれる

～今から、潜在意識を働かせよう～

1

人が何と思おうと、どう見ようと、
それは自分の幸福には無関係で、
ただただ自分で自分の心に
快感を覚える状態が幸福なのだ

——他人の評価で自分の心の状態を決めるな!

●なんでもポジティブに解釈して、元気になってしまおう！

今ではおかげ様で達成しましたが、以前の私には大きな目標がありました。「自分の経験を基にした人生哲学を書籍にして、100万人に届ける」という目標です。

私の事故の経験、世界中の成功哲学プログラムで学んだ経験、医療の経験から、「価値ある人生の送り方」を、多くの人にお伝えしたかったのです。

しかし、「そんなに本ばかり出して、本業は大丈夫なのか」ということを、同業者や周りの人によく言われましたし、心配されました。

ただ、私は目標に向かっているので、そういった批判もあまり気になりませんでした。出版に力を注ぐことに、喜びを感じていたからです。

心の持ち方次第で、不幸にも幸福にもなると、本多先生は言います。

どんなことでも、ポジティブな解釈をすれば、人生の糧とすることができます。

前向きに突き進むには、心の状態を整えることが必要不可欠です。感情の波をなくしていきましょう。

他人の評価によって心の状態をつくっていては、心は常に不安定になります。自分の心が元気になることをどんどんやりましょう。それこそが、幸福への道なのです。

2

もっともっと大切なのは、一生涯絶えざる、精神向上の気魄《きはく》、努力奮闘《ふんとう》の精神

――蓄財王がお金よりも大切にしていたこと

●救急病院に搬送されても、へこたれずにすんだ理由

幸福になるためには、何が必要か――。

多くの人が、「それは、お金だ」と思っています。しかし、それよりももっと大切なのは、精神を向上させる気迫と、努力の精神だと本多先生は言います。「教育や財産が与えられたからといって、幸福を手にすることはできない」。本多先生は、財産をつくってから、この結論に至りました。

仕事を成し遂げるためにも、根底になければならないのは情熱です。どんな障害があっても、一貫して立ち向かっていく精神力が必要です。

私は若手歯科医の頃、スキルアップのために毎週末、東京に行っていました。疲れ果てて、不整脈や尿管結石で、救急病院に何度か搬送されたこともあります。

しかし、「来週は東京に勉強しに行くのはやめよう」とは一度も思いませんでした。世界レベルの歯科医になる目標もありましたし、開業資金の返済のために高いレベルの治療技術の習得が必要でした。自分のスキルを圧倒的にする必要があったのです。

もっといい現実をつくろう。未来に希望を持とう。こういう決意は、「今以上に頑張ろう」と自分を奮い立たせることができます。

3

早晨《そうしん》希望に起き、深夜感謝に眠るというのが一日の生活理想

――寝る前に潜在意識を洗い、朝からポジティブスタート！

●頭の中にあるネガティブ情報を消してから眠る

早晨《そうしん》とは、朝早くという意味です。早起きは、本多先生の子供の頃からの習慣でした。また、本多先生の健康法は、毎日愉快に働いて、三度の食事をおいしく食べて、なんの心残りもなく眠ることでした。

希望を抱いて朝早く起きて、感謝しながら眠ることを習慣にしていたのです。

朝、健康に起き、希望に満ちた1日を生きられるのはすばらしいことです。

当たり前のことのように感じるかもしれませんが、私のように交通事故に遭《あ》った人間には、そのすばらしさがわかります。当り前過ぎてなかなか気づけませんが、あなたには今、このすばらしさに気づいてほしいと思います。

感謝の気持ちを持ちながら眠ると、希望を持って朝起きられます。眠っている間に潜在意識が浄化されることで、ポジティブな状態で1日を始められるからです。

寝るときに、ネガティブな情報が潜在意識の中に溜まっていると、朝から思考も行動も後ろ向きになってしまいます。

だからこそ、寝るときに、潜在意識を洗うために感謝してみてください。驚くほど、朝から良いスタートを切ることができます。

4

断然決意して実行に移ったのが、本多式「四分の一天引き貯金法」である

――本多静六を蓄財王にした「4分の1天引き貯金法」

●「残ったら貯金しよう」、これでお金を貯めるのは至難の業

毎月、普通の生活をして、お金が残ったら貯金しようと思っても、それは難しいでしょう。なんとなくお金を貯める、という程度の気持ちではお金は余りません。

本多先生は、どんな少額でもいいから収入が入ったら、その4分の1のお金を貯金して、残り4分の3のお金で生活することをすすめています。

本多先生は、4分の1天引き貯金を、覚悟を持って実行したことが、大きな資産を築く第一歩となりました。

私も本多先生に学んで、積立貯金をしていました。利率などに強く興味があるわけではありませんが、一定のお金が貯まったら投資に回しています。

給料が入ったら、まずは貯金し、残った金額で生活する。投資の種銭をつくるためにも、少ない所得で生活していく意識を持つことは大切だと思います。

小さな貯蓄でも長く行なうと大きな金額になります。それをなるべく安全な投資に回していくことは、将来の安心生活の確立に役立ちます。

お金の戦略は、もっと稼ぐか、少ないお金で生活するかのどちらかです。まずは、本多先生もやっていたように、収入の4分の3で生活してみてはいかがでしょうか。

5

本当の学修は、実践をもって完成される

――学びは実践とセットにしないとムダになる

●学びだけではまだ0！　実践するから1が生まれる！

学ぶということは知るということであり、知ることを行なうということである。こう本多先生は言います。

つまり、実践をもって学びは完了するということです。学んで、自分の頭でよく考える。学んだことを、取捨選択し、応用、適用して、実践していく。

人はこうして成長していきます。実践がなければ、学びはムダになります。

私は以前、コピーライティングの勉強を熱心に行なったことがありました。

いのうえ歯科医院のマーケティングのレベルを上げるためです。

習っただけでは、何も始まりません。どこまで効果的な文章が書けるのかはわかりませんでしたが、私は文章を書いては検証するということを繰り返しました。

たとえば、私と相性のいい患者さんに共通する特徴を書き出して、理想の患者さんの人物像をつくります。その人物をイメージして、その人の心に響く文章はこんな感じじゃないかな、と考えながら、習った技術を使って文章を書いてみました。

良い反応のあった文章も、なかった文章もありましたが、実践したからこそ学んだ意味があったと感じています。学びは実践までがセットだと考えてください。

6

人というものは、
自分の思っている気持ちが
自己暗示となって作用するのであるから、
自分自身の心の持ち方一つで
自分の運命を立て直していくことができる

――心を変えると、人生は自由自在に変えられる

達成のための方法は、すでに誰かが見つけてくれている

本多先生は、11歳のときに、父親が亡くなったこともあり、苦労が多く、青年期にはとても運が悪いと嘆《なげ》いていました。しかし、その後に出会った人々からの指導のおかげで、知識を高め、品性を磨いたことで、幸福になることができました。

心のあり方次第で、人生は良くしていくことができます。

私は事故に遭って、人生哲学、成功哲学を学び始めました。「一刻も早く立ち直りたい」と考えたからです。

勉強する中で、シンプルで重大な気づきを得ました。「成功する考え方や方法がある」ということです。学んでいくと、目標達成の方法がいろいろと身につきました。実践していくと「自分の人生は自由自在に変えられる」と身をもって感じられました。自分の望みが実現していくと、自分の可能性にワクワクするようになります。

欲しいものが手に入らない理由は2つです。

本気で求めていないか、手に入れる方法を知らないか——。本当に求めていないものはいらないですし、本当に欲しいのなら手に入れる方法を探せばいいのです。

心から欲しいものを決め、手にする方法を探せば、自己実現は可能です。

7

いかに微力な人でも、
その全力をただ一つの目的に集中すれば、
必ずそのことを成就し得る

――片手間でやらない、これだけで優秀な人にも勝てる

●凡人でも、人と違う武器をひとつ持つ方法がある

能力は、努力すればするほど高まっていくものです。しかし、努力をやめると当然、衰退していきます。

能力は努めると鋭くなり、サボると鈍るのです。

成功の秘訣は、ひとつのことに全精力を集中して行なうことです。

どんなに才能がある人、優秀な人でも、多くのことに力を分散させれば、中途半端な結果しか出せません。

どんなことでも、努力して、小さくコツコツ積み上げていけば、高く評価できる成果をつくれます。

ひとつのことを継続して行なうと、誰でもひとつ、人と違う武器を持てるということです。

ビジネス書の業界では、2、3年で著者としての存在感がなくなる人はざらにいます。5年間、一線で活躍できる人はほとんどいません。10年はもっといない。

私は、著者として15年間活動し続けています。それは、出版を片手間で行なわなかったからです。本業同様に、力をコツコツ注いできたのが実を結んでいるのです。

8

その時節の到来は必至なのだ

――安心しろ！　あなたが成功する日は必ずくる！

●希望があるから努力できる！

どんな不運も不幸も不景気も、永遠に続くものではありません。時計の振り子のように、波の起伏のように、やがては戻ります。時が来れば必ず盛り返す。こう、本多先生は語っています。

良い時が、必ずくる。この安心と覚悟を持ちましょう。

どんな努力の天才でも、成功のときがくると信じていなければ、焦りやイライラを感じて挫《くじ》けてしまうでしょう。

順調なときは活動し、逆境のときは堪え忍ぶ。知識を養い、気持ちを整える。こうすれば、どちらに転んでも、「実力の発揮時期」か「実力の貯蓄時期」になります。

私自身、人生はいいときも、悪いときもありました。人生が下降しているときには、下降の理由を考える。そうすると、力をつけるべき部分が見えて、昇っていけます。

調子が悪いときは、新しい環境に移るタイミングであることもあります。

踏ん張ってまた上昇していくにしろ、新しい環境で上昇していくにしろ、問題や困難に対して真摯《しんし》に向き合うことが大切です。次へのプロセスが見えてくるからです。

悪いときこそチャンスと捉えれば、悪いときほど幸運だと考えることもできます。

9

言葉の送り出し方一つで、口は凶器ともなれば利器ともなる

——好意の指摘でも「ありがとうございます」と思ってくれる人などいない

●「ポジティブに解釈し、褒《ほ》める」から信頼される

人と接するときには、善を称して悪を問わないことです。

仕事上の関係者に、わざわざ相手の悪いクセ、欠点、短所を指摘する必要はありません。たとえ、好意で忠告や指摘をしても、絶対に相手は気持ち良くありません。相手の良い所だけを褒めるから、相手から好意を持ってもらえます。相手の良い点をわかってあげるから、信頼も得られるのです。

私は、接する相手のことを、プラスに解釈するようにしています。

知り合いに、エステサロンを経営して活躍している方がいます。

中学校2年生から高校2年生まで不登校だったようで、これではいけないと、専門学校に行きましたが、価値観が合わずに途中で退学してしまいました。学校に真面目に通わなかったことがコンプレックスのようでした。

すばらしい方なので、そんなことで悩んでいるのがもったいないと思った私は、「あなたは自分でものを考えられる人だから、学校に通わなかったんです。学校をやめられたから、やりたいことが見つけられて、精いっぱい打ち込むことができているのです」とお伝えしました。元気を出してくれたようで、とてもうれしかったです。

10

朝から晩まで、何か仕事がある。
書いたり読んだり、人に会ったりしているので、
不平を考えたりいったりする暇もない。
病気をしている暇もない。
病気がやってきても仕事に忙しくしているので
病気の方でアキれて逃げてしまうのである

——忙しいという最強の健康法

●気持ちと体の関係は、意外とバカにできない

現在、私は、数年ぶりのとても忙しい時期で、朝から晩までびっしり仕事が入っています。

「一生懸命働くときだ！」と覚悟を決めています。

ムダなことをやる時間が一切ありません。「体調が悪い」などと言っている場合ではありません。

私は土日に歯科医以外の仕事をしていることが多く、基本的には完全な休みの日はほとんどありません。

しかし、たまに休みの日があると、頭が痛くなったり、おなかが痛くなったりと、なぜか調子が悪くなります。

活動しているときほど元気で体調が良く、気力も体力も充実しているのです。やるべき仕事がたくさんあるから、体調が悪くなる暇がないのでしょう。

病は気からとよく言われますが、これはあながち間違っていないように思います。

忙しくする、これもひとつの健康法です。

11

財産を作ることの根幹は、やはり勤倹貯蓄だ

――目標を持つと、自然と倹約できて、財産が築かれる

●ミュンヘン大学のブレンタノ先生が教えてくれたこと

本多先生は、ミュンヘン大学に留学しました。そのとき、有名なブレンタノ先生のもとで財政経済学を専攻しました。

本多先生は、卒業間近にブレンタノ先生に次のようなことをアドバイスされます。

「今までのような貧乏生活を続けていてもしかたがない。学者でも、独立生活ができる財産をつくらなければならない」

財産をつくる根幹は勤倹貯蓄。これなしには、財産は築けない。

そこで、本多先生は先に紹介した「４分の１天引き貯金」を断行したのです。

若い頃の私は、スキルアップのための勉強をすることにしか興味がありませんでした。私の収入は、セミナーや勉強会くらいしか使うことがありませんでした。

遊びに行く時間がなかったので、ムダづかいすることもありません。お金を使うのは、勉強にだけです。

目標に向かっているときは、スキルアップなどの成長のためのお金はかかりますが、そのほかのムダなお金はかからないものです。

目標を持つことは、仕事力を上げ、倹約にもなります。

12

なんでも人のいうことを素直に快く聞き入れ、
自分の短所や間違いを直し、
できるだけ陽気に愉快に生きようと努めている

――素直に耳を傾けると、自分の魅力と価値が高まる

●批判以上の価値があるのなら聞き入れたほうが得!

本多先生は、人の言うことを素直に快く受け入れていたそうです。

その理由は、本多先生がもともと偏屈で強情で意地悪根性を持っていて、そういう部分を直すためでした。

人の意見を聞き入れて、不必要に対立せず、陽気に愉快に生きようとしたのです。

私自身、自分の魅力と価値が高まる意見なら、人の話を受け入れることにしています。批判以上の価値を得られるのなら、何を言われても受け入れます。

私は耳の痛いことを言われなくなることに危機感を抱いています。年を重ねてきて、だんだん意見されることもなくなってきたからです。

地位が高い人ほど、才能がある人ほど、人の話を聞きません。そういう人の周りにいる人は不快感を溜め込みます。いつかは関係が壊れます。

私は毎日、フェイスブックで「価値ある人生を生きるための情報」を投稿していますが、たまにスタッフにこう言われてハッとします。

「先生、フェイスブックに書いていることと違うことをしています」

そのとき、私は自分の未熟さを知り、行動を改めるようにしています。

13

成功を焦ったり、
堅実を欠くに至った人たちが失敗に帰している

——理想が逃げていく「それで良し」という油断

●積極性を忘れずに、ズルせず進む

成功を急いだり、不堅実な方法で成功しようとすると失敗するものです。簡単に金持ちになれる方法に飛びついたり、急速に財産を増やそうとすると、つまずきます。もし、運よく成功をつかんでも、一時的なものとなってしまうでしょう。油断こそが衰退につながります。

病院の運営に関して、私には理想の形があります。しかし、病院の業務が一定のレベルで回っていると、「それで良し」としてしまうことがあります。

多くのことをスタッフに任せていますが、せっかく回っているのだから、下手に介入するのはやめておこうと考えてしまうのです。

こういうときは、油断が生まれます。私は今年、積極的に医院の運営に介入することで、理想に向かって改善を始められました。

当たり前ですが、自分が積極的に介入しないと、理想の組織にはならないのです。なんとなく成り立っているのと、理想には大きな違いがあります。

油断せず、自分も動く――。経営者の思考以上の会社にはなりません。どんなときも油断は禁物です。

14

人並み以上の大活動を覚悟しなければならぬ

――大活動する覚悟を持っているか？

●効率も大切だけど、それだけでは不十分！

大きな資産をつくりたいのなら、人並み以上の活動が必要です。頭も体も人一倍働かさなければなりません。効率も大切ですが、活動の絶対量が必要です。

私は社会的な地位も、収入も、ある程度のレベルは欲しいと思っています。

それは、社会的な価値や評価、高い収入を得ると、周りを応援する力が高まるからです。自分にとって大切な人の「力になってあげられる」ということです。

社会的な価値を得ると、信用され、信頼され、尊敬されます。そういう人物になると、自分の周りの人が成功できるように、人とのつながりをつくってあげられます。

自分のためだけに生きても、幸福感は得られません。周りの人のためにもなれるから、最終的には幸せな感覚を得られるのです。

あなたには、人並み以上の活動をする覚悟を持ってもらいたい。

今、本業の歯科医がとても忙しい時期です。しかし、出版の仕事を減らすことはありません。講演、セミナーを減らすこともしません。雑誌の取材を減らすこともしません。フェイスブックの情報発信も減らしません。ジムに行く回数も減らしません。

私は大きな価値を生むために、どんどん活動を増やしています。

第１章まとめ

・人は心の持ち方次第で、幸福にも不幸にもなる

・お金より「精神を向上させる気迫」と
「努力の精神」が大事

・朝からポジティブな状態でスタートするために、
感謝して眠る

・収入の４分の３で生活することで、
大きな財産が築かれる

・自分の魅力と価値が高まるなら、
批判は受け入れてもいい

・欲しいものが手に入らないのは、
本気で求めていないか、
手に入れる方法を知らないから

・幸せになる人は、
人並み以上の活動をする覚悟を持っている

第2章

弱さを手放す準備

～ネガティブな解釈をポジティブに変えるコツ～

15

何事にも不平を抱いたり、争いを好んだり、
オゴリ、イツワリ、怠惰《たいだ》の人は、
決して物事を大成して
幸福になることはできないのである

——一粒の感謝の種を見つけると前進できる本当の理由

●潜在意識が逆向きに働くのを防止する

感謝の心を持つことは、幸福になるための基本の基本です。

今、どんな境遇にあったとしても、くさらず、不平不満を抱かず、感謝できることを探しながら、努力を続けることが大切です。

苦しみ、悲しみ、困難の中でも感謝できることを見つけられると、ポジティブになれます。プラスのエネルギーが生まれれば、避けず、恐れず、前進できます。

不平、争い、おごり、偽り、怠惰、これらはすべて潜在意識にマイナスの影響を与えます。潜在意識は、あなたの成功、幸福を妨げるように働いてしまいます。

不平を言うのは、自分でマイナスエネルギーを生み出すことにほかなりません。

争いは、相手と自分の双方が嫌な思いをして、お互いに感情が乱れます。

おごりがあると、努力しなくなったり、他者との関係が悪くなります。

偽りは、自分ではわかっていながら嘘《うそ》をつくことです。

怠惰《たいだ》であると、人は自分のことをダメ人間だと認識してしまいます。

マイナス要素を溜め込むと、潜在意識はネガティブな行動と選択を行なってしまうので、注意が必要です。

16

人から受けた恩は必ず返すこと

――恩を返すだけで、大きな好感を得られる

●意外とできないから、善行美談として語られる

人から恩を受けたら返す。当然のことのように思われるかもしれませんが、世の中ではそれが実際にはあまり行なわれていません。そのため、受けた恩をしっかり返すと、善行美談として語られるのです。

受けた恩に対する感謝の気持ちは、できるだけ早く、誠意をもって伝えましょう。受けた恩は忘れやすいものです。

ある方から、突然メッセージをいただきました。

「明日、新刊の発売日ですね。応援させていただきます」

こんなにうれしいことはありません。実際に、宣伝のお手伝いをしてくれました。新刊の発売日は、わざわざ調べなければわからないものです。つまり、私の情報をいつも気にかけてくれているということです。

その方とは、仕事やプライベートでお互いに協力し合っている関係です。応援していただいたら、私もその方のために、一肌脱ぐ気持ちになります。

人から受けた恩は返していく。相手が喜ぶことをやってあげる。こうすると、人生に良い流れが生まれます。

17

いっさいの悲観をやめて、常住坐臥《じょうじゅうざが》、
絶えず快活に生きるため、毎朝目覚めれば、
まず今日も生きていたなと感謝する

◇◇◇

あらゆる場合にその苦しい、
嫌な暗い方面を捨てて、
楽しい愉快な明るい方面にだけ心を振り向ける

——苦難は、快楽を得るためのプロセス

●どうせ生きるなら、積極的に生きるが勝ち！

ある朝、私たち家族は、旭川までドライブに行き、事故に遭いました。明日どうなるかは誰にもわかりません。自分が気をつけていても、どうにもならないこともあります。

毎日目を覚ましたら、生きていることに感謝しましょう。何気ない日々の生活の大切さに気づくのは、事故や病気などの経験がないとなかなか難しいかもしれません。でも、あなたには、今気づいていてほしい。生きているということは、それだけですばらしいことです。

感謝することが難しいのなら、朝起きたときに「後悔しない生き方をする」と考えてみてください。せっかくの人生、積極的に生きたほうが得です。

物事は、ポジティブな面を見て、ネガティブな面は見ないようにしましょう。難しいことこそ、良い結果につながると思ってください。苦難とは、快楽を得るためのプロセスです。大きな快楽は、大きな苦難を克服するからこそ得られます。

これがわかれば、どんな仕事も、ベストを尽くして励むことができます。

18

貯金生活をつづけていく上に、一番のさわりになるものは虚栄心である

——貯金の一番の障害は見栄

●必要ないものは、いらない。わざわざ損しない

虚栄心が貯金の一番の障害になると、本多先生は語っています。家柄や習慣にとらわれず、見栄をなくせば、貯金することは誰にでもできるのだそうです。

自分の能力、収入以上にいい生活をしようとするから、貯金ができません。お金面で安心して日々の生活を送りたいのなら、今よりも質素に生活するべきです。質素にするのは、一見、人生の質が下がっているようですが、資産形成の観点から見ると前進していることになります。

若い頃、セミナーに行って参加者の人たちといろんな話をしました。服の話、車の話、旅行の話……。みんなお金を稼いでいるし、使っているんだな、と思いました。

しかし私は、講師の先生の話以外にあまり興味を持ちませんでした。もし、虚栄心があったら、勉強以外のことにも興味が出ていただろうなと怖くなります。

必要ないものは、手に入れなくていい。欲しくもないのは、手に入れなくていい。経済的に損をするようなお金の使い方に意味はありません。

19

かつて私は勤労訓五ケ条を書いたことがあるが、
それを読めば、
勤労すなわち幸福ということが判るであろう

――幸せになるための勤労5条件

●幸せになる働き方とは？

本多先生は、勤労の5カ条について、次のようなことを述べています。

【1】

勤労は人間の本能で、生き栄える道である。生きるための手段ではなく、生きるための目的である。勤労するから、歓喜も幸福もある。

【2】

勤労を続けることで、職業を楽しむことができるようになる。生涯現役のつもりで、勤労にいそしむと、幸福な人生が送れる。

【3】

今に感謝しながら、元気に働く。これが、仕事を楽しむ秘訣。

【4】

仕事を楽しみながらやっていると、自然に富が築かれる。しかし、富は古くなると中毒を起こす。古い富から順番に社会に渡していき、新しい富を生み出そう。

【5】

仕事に努力して楽しみながら、まず全体を改善し、個人の生活を改善していくこと。

20

「やればやれる」という自己暗示は、
勉強の上にも、健康保持の上にも、
ともに、大きな力となって働いたようである

——思い込み次第で人は勝手に成長してしまう

●「こうなる！」と思い込めば、能力は自然に伸びていく

本多先生は、山林学校に入学しました。しかし、独学で入学したので、どうしても幾何と代数が理解できず、第一期試験に落第してしまいました。

悲観のあまり、古井戸に投身して自殺をはかりましたが、死に切れませんでした。そこで、考え直して、決死の勉強を始めます。

すると、２学期続けて最優秀の成績を得ました。自分のような理解に時間がかかる者でも、努力すれば人並み以上になれるという自信を得ました。

私が大学院生だった頃、同級生のお父さんに歯科業界でとても有名な方がいました。一流に触れる経験をしなさいと、学会に参加させてくれました。

ただ、話の内容はさっぱりわかりませんでした。

時が経ち、大学院を卒業するときに、私は「世界レベルの治療を行なう歯科医になる」と決めました。北海道帯広の人に、最高の医療を届けると決意しました。

その思いでスキルを高めていくと、国内外７つの大学で役職を任されるまでに、知識とスキルがつきました。学会の話を理解できなかった私が、今このポジションを確立できたのは、「こうなる！」と思い込んだことの効果だと思います。

21

仕事に不熱心であったり、
または他の余技《よぎ》に興味をもつ人は、
いかに創造的な仕事であっても
真に道楽化することはできないものである

——ゲーム化すると単調な仕事も熱心にやれる！

●どんな仕事も上手になると楽しいもの

仕事に楽しさを感じられるのは、学者や芸術家のように、クリエイティブ系の仕事をしている人だ。

世の中には部分作業を単調に続けるだけの仕事もある。こういう職業なら仕事を楽しむことなどできない。

こう考える人は、本当に努力したことがない人だと本多先生は言います。

仕事に不熱心で、努力せず、いろいろなことに手をつけてしまう人は、仕事を道楽化することができません。

いかに単調な仕事でも、それが上手になり、社会へ貢献しているとわかれば、楽しく感じることができます。

一定のレベルまで仕事のスキルを上げられた経験がある人は、他の仕事を担当してもすぐに高いレベルの仕事をします。一方で、一定のレベルまで努力した経験がない中途半端な人は、何をしてもなかなかうまくいきません。

どんな仕事も、努力して上手になるから楽しくなるのです。いろんな工夫を考えながらやっていくと、仕事にゲーム的要素が組み込まれて楽しくなるものです。

22

儲けようと思えば人にも儲けさせ、
人に儲けさせれば自然に
自分も儲かってくるという寸法である

――人を儲けさせると、自分にお金と人が集まる

●応援してくれる人を、どれだけ増やせるかが成功のカギ

自分は少しでも多く儲《もう》けたいけど、人に儲けさせるのは嫌だという人がいます。しかし、そういう人が成功したのを、見たことも聞いたこともありません。

「自分ひとりでおいしい思いをしよう」という考えは捨てるべきです。仲間や会社、社会の動きなど、さまざまな要素で成果は生まれます。

手柄を自分だけのものにせず、人に譲《ゆず》るべきです。相手を儲けさせれば、お金は回り回って、あなたのもとにも戻ってきます。

成果を独り占めして、人に報酬を与えないと、人は離れていきます。知識やアイデアを与えて、成果も与える。そうすると、人はあなたの応援者になってくれます。

私はスタッフに、いのうえ歯科医院で働くことを社会的なベースとして、それを利用して他のビジネスをやればいいと言っています。

たとえば、休みの日、勤務時間外、歯と美容についてのカウンセリングをやってもいい、歯科衛生士の歯科予防情報発信をしてもいい。

私自身、歯科医以外の仕事もたくさんやっています。みんなにも二足のわらじを履いてどんどん大きくなってもらいたいと思います。

23

良友を選ぶにはどうすればよいかというと、私は何よりも次の三条件を提示したい

——この3条件を備える仲間をつくれば人生安泰！

●絶対に影響を受けるから、仲間選びは慎重に！

自分が成長するために、良い仲間をつくることはとても重要です。
本多先生は、良い仲間には３つの条件があると言います。

●１　その性質が純良誠実であること

まず、誠実であることが大切です。物事の本質を見られない、表面的にしか見ない、その場しのぎの見方、考え方をする人とはつき合うべきではありません。誠実な人は、本質を見抜き、一貫性があり、信頼感、安心感があります。

●２　何事か自分より優れた点のある人物であること

私たちは未熟で、足りない部分がたくさんあります。だからこそ、いろんなスキルを持っていたり、いろんな経験をしている、魅力がある人とつき合うべきです。こちらから与えるだけの人とつき合ってはいけません。

●３　責任感の強い、実行的な人

責任感がない人は、コロコロと考えが変わります。言動に深みもありません。

責任感に乏しく、実行しない人は、今まで逃げてきた分、問題にぶつかってきていないので、ここぞというときに頼りになりません。

24

私はいつでも、眠くならなければ眠ろうとしない

——眠くなるまで寝ない、こう決めておくと気が楽

●眠れないときは、仕事について考えて、時間をつぶしてみる

深く眠るためには、頭と体を適度に働かせる必要があると本多先生は言います。

仕事は、やり遂げるまで行ない、十分疲れて、完全に安心して、毎日横になると、雑念も想念もなく、ぐっすりと眠れるのだそうです。

眠れないとき、私たちは焦ってしまいますが、それは無理に眠ろうとするからです。焦るといろんな感情が生まれ、より眠れなくなってしまいます。

眠れないときはラッキーだと思って、勉強や仕事をやってしまいましょう。頑張っていると、本当に眠くなってきます。

眠れないから仕事をするというのは、仕事が好きでなければできません。ここでも、職業の道楽化がものをいいます。

突出した才能や能力がない私が、一定の結果を残してこれているのは、人よりも仕事のことを考えているからだと思います。

ベッドの中でも、治療やカウンセリング、接客、出版、講演について、いつも考え続けています。

あなたも、仕事について考える時間を少しだけ増やしてみてはどうでしょうか。

25

とにかく、金というものは雪達磨《だるま》のようなもので、
初めはホンの小さな玉でも、
その中心になる玉ができると、
あとは面白いように大きくなってくる

——あなたに流れ込む予定のお金が、今もどこかにあふれている

●お金は雪だるま！

まずは10万円貯めてみる。そうすると、実は、時間がかからず50万円が貯まります。お金を貯めるクセがつくと、お金がお金を生むようになります。お金がある人には、知識や知恵が集まってきて、投資先もわかるようになります。

ここまでくると、勝手にお金が動き出し、お金が増えていって、自分でも驚くことになります。

「お金の貯めグセができる　↓知識、知恵が集まってくる　↓増やす方法がわかる」

この流れで本多先生は、自分の予想より大きな財産を所有することになりました。

お金は、最初は小さく積立貯金をして、ある程度大きな金額が貯まったら、投資に回す。そうすることで、長期的に安定した生活を送ることができるようになります。

投資だけではなく、ビジネスも小さく始めて、少しずつ大きくしていくものです。

とにかく、まずは、小さな雪だるまをつくることが重要です。

お金はあるところにはあると知っておいてください。そう考えると、潜在意識にいい影響があります。

あなたに流れ込むお金は、今もどこかにあふれているのです。

26

高僧や哲人の言動はしばしばはなはだ単純で、
平々凡々を極めるがごとく感じられることがあるが、
それをよく味《み》得《とく》し、検討してみると、
実に深遠にして崇高なる真理の
ふくまれているのに気付く

——膨大《ぼうだい》な量に裏打ちされるシンプルな言葉こそ真理である

●同じ言葉でも、語る人によって価値が大きく変わる

高僧や哲人の言動はとてもシンプルで、普通のことだと思えることがよくあります。しかし、これをよく吟味すると、真理であることに気づきます。

膨大な修行や学びをへることで、複雑を超越し、単純さが極まっているのです。複雑は単純に至る過程です。

著名な方のインタビュー記事や、動画を見ることがありますが、シンプルに語られていることほど深い内容だと感じます。

偉人や時代をつくった人が言っていることは、とてもシンプルであることが多い。たとえば、90歳のお坊さんが、人生の真理は「因果応報だ」と述べたとします。これは、とてもシンプルで、皆が当たり前だと思うことでしょう。

しかし、この因果応報という真理に気づくに至るまでに必要だった情報量も、経験の量も膨大です。

長い期間、社会的に認められている人々が語る言葉は、シンプルでも真理であることが多いように思います。

当たり前だと思わずにしっかり味わってみてください。

27

一度職業道楽の境地に達すると、
あたかも子供が遊戯《ゆうぎ》をなし、
大人が碁をうち、将棋をさしているのと同じで、
全く時間や報酬に超越して努力するようになり、
努力そのものを楽しむことになる

——驚くほどの結果を生み出す「ゾーンに入る」技術

●私が2日で24人の手術を成功させたとき

時間の感覚がなくなるほど仕事に没頭できたのなら、それはもう職業が道楽の境地に達したと言ってもいいのではないでしょうか。

気が散ることなく、深い集中に入って、質の高い仕事ができるときがあります。そんなときは、子供の頃、夢中になって遊んだときのような感覚に陥るものです。

あるとき私は、２日間で24人の手術をすることになりました。そのときは、「１日でも早く歯を治療したい人」「私の治療を受けたい人と待ってくれている人」が集中し、このスケジュールで手術を行なうのがベストだと考えました。

「最短最速、ミスなし」、これが患者さんにとって一番負担の少ない治療です。これを目指し、24人の手術をしなければなりません。

事前に細かな手術計画を立て、イメージトレーニングを何度も行ないました。

実際に手術をしたとき、私は手術に没頭し、イメージ通りに24人の手術を終わらせることができました。本当にあっという間に終わったという感覚でした。

少し難しそうなことをやるときにこそ力は発揮されます。ちょっとチャレンジングな仕事をしてみると能力が引き出されるものです。

28

人生最高の幸福は
社会生活における
愛の奉仕によってのみ生じる。
わかりやすくいえば
他人のために働くことだ

——自己犠牲しない。まずは、あなたを大切に

●結果が積み重なっていくと、利他の精神が生まれる

自分だけではなく、人のために働くと、強く、広く、社会に良い影響を与えることができます。

幸せになる人も増えるので、最終的にはさまざまな形で自分も恩恵を享受することになるでしょう。

しかし、自分を犠牲にしてまで、他人や社会のために頑張るのは問題です。

私は講演会で、「まずは自分を満たしてください」とお話しします。他人のために行動して得られる喜びは、自分が満たされているときに初めて感じられるからです。

自分が苦しんでいると、他人のことなどどうでもよくなってしまいます。自分を満たして、プラスのエネルギーを生み出しながら奉仕する。すると、そのエネルギーが伝わって、相手も幸せになるのです。

私自身、自己研鑽《じこけんさん》している過程では、社会のことなどはあまり考えていませんでした。歯科医としてスキルアップして、活躍する。それだけでした。

しかし、歯科医、著者として、一定の結果を残したら、日本のことを考えるようになってきました。今では、日本の人々の将来の役に立てるように活動しています。

第２章まとめ

・不平、争い、おごり、偽り、怠惰は、
潜在意識にとってマイナス

・成果を譲ると、応援者になってくれる

・感謝するのが難しければ、
「後悔しない」と考えてみる

・見栄が貯金の最大の敵！

・ちょっとチャレンジングな仕事をするのが
ゾーンに入るコツ

・利他の精神が生まれるまで、
自分を満たし続ける

第3章

努力は快感になる

~人は必ず上手になる~

29

自惚《うぬぼ》れがなくなってしまっては、人間ももうお仕舞いである

――自惚れのメリットを最大限に活かす

●課題を持って自惚れると、大きく成長できる

私のおじさん（父の兄）はとても素晴らしい人でした。「常に、誰よりも頭を低く、努力は誰よりも高くしなさい」と教えてくれました。通信制の大学でしたが、60歳を過ぎてから大学を2つ卒業するほどの努力家でした。

人は誰でも、自惚《うぬぼ》れてしまい、努力をやめてしまうものです。

何かうまくいったときに無意識に生まれる自惚れは、失敗につながることがあるので注意が必要です。

しかし、自惚れにはいい効果もあります。自惚れは自信となる側面があるからです。自信は、雑念を消し、集中を促し、大きな成果を出すことにつながります。

自惚れは力を生み、偉大な未知の成果を生むのです。

ただ、やはり自信過剰になることには十分注意が必要です。失敗につながるからです。

自惚れてもいいけど、課題を持ってください。自惚れるだけでは、成長意欲が削がれてしまいます。やるべきことをひとつ持っていると、自惚れによる自信をうまく利用しながら、成長していくことができます。

30

何か意見の一致をみないことがあると、
お互いに二度までは意見を主張し合うが、
それでも決まらぬとなると、
三度目はいつでもジャンケンで
決めることになっているのである

――3度意見が割れたら、ジャンケン憲法で決める

●偶然だからこそ、双方納得できることがある

本多家には、「ジャン憲法」というルールがあったようです。夫婦、家族間で、意見が一致しないことがあったときに、みんな2度目までは意見を主張し合いますが、3度目になるとジャンケンで決めたのだそうです。負けたほうは、勝ったほうの意見に従います。

そもそも家族であり、基本的に利害は一致しているので、どちらに決まってもいいのだそうです。どうでもいいことなのに、意地をはり合って議論してしまうと、口論になりみんなが不愉快になります。

こういうルールを決めておくのは、いいアイデアだと思いました。夫婦でも、パートナーでも、会社の仲間でも、基本的には同じゴールを目指しています。

お互いが強く主張しすぎると、必ずわだかまりが残ります。

意見が合わないときは、偶然の力に頼る。これもひとつの手です。

「ジャンケンで決めたから」という逃げ道をつくっておくのは賢いやり方です。

「自分の主張が認められなかったわけではない」という逃げ道は、心を楽にし、遺恨を残すこともありません。

31

疲れを感じ、眠りにさそわれたら、その場で十分でも十五分でも眠るがよい

――10分間仮眠法で作業効率を上げる

●上手な居眠りは読書より有益！

日中に眠気を感じたら、仕事に影響がない限り、15分ほどの仮眠をとったほうがいい。本多先生は床でも、イスの上でも、草原でも、どこでも寝ていたそうです。下手な読書より、上手な居眠りのほうがはるかに有益だと語っています。

私は「疲れたな」と思ったら、仕事の効率が悪くなる前に短時間の睡眠をとるようにしています。

よく昼休みに10分ほど睡眠をとります。ほんの少しの時間ですが、疲れが取れて、頭がすっきりするのを実感できます。

6～15分の仮眠をとると、作業効率が上がることが明らかになっています。これは、脳に溜まった睡眠物質が分解されるからなのだそうです。また、最適な仮眠の時間は10～20分と言われています。

30分以上の仮眠をとってしまうと、夜に寝つきが悪くなったり、睡眠の質が下がってしまうようなので注意が必要です。

また起きる時間を3回唱えてから眠ると、その時間の少し前に心拍数が上がってきて体が起きる準備をしてくれるので、寝過ぎが怖い人は試してみてください。

32

宿願の「天丼二杯」を試みた。
ところが、とても食い尽くせもしなかったし、
またそれほどにウマクもなかった

——念願の天丼は、なぜ、おいしくなかったのか？

●幸福になるお金の使い方とは？

本多先生は学生時代に、叔父さんから上野広小路の梅月というお店で1杯の天丼をごちそうしてもらいました。そのとき、こんなにおいしいものがこの世にあったのかと驚いたそうです。

そして、この天丼を2杯食べられるようになろうと思いました。

念願かなって、2杯の天丼を食べたところ、食べつくせないし、おいしくもありませんでした。2杯になったから幸せが2倍になるわけではなかったのです。

人は多くを欲しがるものです。いろんなものを持ちたい、得たいと思ってしまいます。食欲、物欲……、欲望には際限がありません。

しかし、むやみにお金をかけたところで幸せになることはありません。自分の軸、価値観に沿ったお金の使い方をしなければ幸福にはなれないのです。

また、いいものを買うから幸福になれるのではなく、自分の人生が上り坂だと感じられるようなお金の使い方をするから幸福になれます。

お金の使い方が、上り坂的か、下り坂的かによって、幸福かどうかが決められるのです。

33

その時、私は
「ナンダ、それでは天才とは努力のことだナ」
と自覚した

——天才のようなものには誰でもなれるとわかった瞬間

愛読者カード

ご購読ありがとうございました。今後の参考とさせていただきますので、ご協力を
お願いいたします。また、新刊案内等をお送りさせていただくことがあります。

【1】本のタイトルをお書きください。

【2】この本を何でお知りになりましたか。

1.書店で実物を見て　2.新聞広告（　　　新聞）
3.書評で（　　　）　4.図書館・図書室で　5.人にすすめられて
6.インターネット　7.その他（　　　）

【3】お買い求めになった理由をお聞かせください。

1.タイトルにひかれて　2.テーマやジャンルに興味があるので
3.著者が好きだから　4.カバーデザインがよかったから
5.その他（　　　）

【4】お買い求めの店名を教えてください。

【5】本書についてのご意見、ご感想をお聞かせください。

●ご記入のご感想を、広告等、本のPRに使わせていただいてもよろしいですか。
□に✓をご記入ください。　□ 実名で可　□ 匿名で可　□ 不可

郵便はがき

切手をお貼りください。

102-0071

東京都千代田区富士見一―二―十一
KAWADAフラッツ一階

さくら舎 行

住　所	〒　都道府県		
フリガナ		年齢	歳
氏　名			
		性別	男　女
TEL	(　　　)		
E-Mail			

さくら舎ウェブサイト　www.sakurasha.com

●練習さえすれば、たいていのことはやってのけられる

本多先生は、山林学校の第一期目に幾何と代数で落第しました。それから、気持ちを切り替えて、精いっぱい勉強しました。１０００題の問題をひとつも残さずやり、次の期からは満点ばかりになりました。

先生から、「お前は幾何の天才だから授業に出なくていい」と言われるほどになりました。

そして、「天才とは努力のことだ」と思うようになったのです。

私の手術を見学した人から、「手術が上手ですね」と言っていただくことがあります。しかし、私はもちろん天才ではなく、手術のトレーニングをとにかく繰り返して、うまくなっただけです。私と同じ量の練習をすれば、誰もが同じように手術できます。

努力で繰り返した練習は、再現性があり、自信につながります。

複雑な手術をするときは、練習してきた単純な技術を組み合わせることで成功させられます。

歯科医の仕事に限らず、どんな仕事でも、何度も技術を訓練することで大抵のことはできるようになるのです。

34

他人との比較よりも、
むしろ自分自身の生活態度が
向上するか否かの方が、
幸福を決定する鍵となっている

――他人との比較は不要！　上がり下がりのほうが重要！

●高い水準で生きていても自分を幸せにできない人

たとえ、高級車を購入したとしても、前回乗っていた車より高いものを買えなかったとしたら、不幸だと感じてしまうものです。生活レベルが平均的な人より高い水準だとしても、人生が下り坂であると感じると幸せにはなれません。

本多先生は、幸福か不幸かを決めるのは、生活のレベルよりも、人生が上り坂か下り坂かで決まると言います。たとえば、若い社会人が仕事を頑張って、以前より少しでも満足できる生活ができるようになると幸せを感じられるものです。大きな家に住む、ブランド物を身にまとうなどの贅沢《ぜいたく》はできないとしても幸せです。

私が歯科医になりたての頃、治療が上手で活躍している先生がたくさんいました。しかし、うらやましがったところで、私のスキルが一気に上がることはありません。焦ってもしかたがないので、目の前の人を幸せにする診療を心掛けました。患者さんがひとり、また、ひとりと喜んでくれると、とても充実感を得ました。

他人をうらやむのは、「他人になろうとしている」ということだと私は思います。うらやましさをパワーにして突き進むと、なりたくもない自分になってしまいます。

自分の価値観に従って、少しでも右肩上がりでいく人生を歩みましょう。

35

やれるだけのことをやってきたのなら、
その結果について
そうそういつまでも悔やむことはない。
問題はそれを「よい経験」として
次の仕事に生かしていくことである

——いわゆる失敗は、成功のプロセスでしかない

●弱音をはきそうなときは、成功の種が見つかっているとき

「失敗なきを誇るなかれ、必ず前途に危険あり。失敗を悲しむなかれ、失敗は成功の母なり。禍《わざわい》を転じて福となさば、必ず前途に堅実なる飛躍がある」

こう本多先生は言っています。失敗は成功のための必須科目です。失敗の経験がない人は、必須科目を修めていないという意味です。

誰にでも、得意の時期もあれば、失意の時期もあります。ちょっと失敗したくらいで闘志を失ってはいけません。大変だ、やっかいだ、苦しいなどと弱音をはく必要はないのです。私はいわゆる失敗とは、成功のためのプロセスだと捉えています。

やれることをやったら、その結果についていつまでも悔やまない。良い経験として次に生かす。これが本多先生の方針です。

この言葉をかみしめると、私はやはり出版のことを考えてしまいます。歯科医としての仕事はある意味、ギャンブル的なことがありません。こうすればこうなる、ということがある程度予想できます。しかし、本は一生懸命つくっても、売れないものは売れません。しかし、私の夢は１冊で１００万部の本を出すことなので、うまくいかなかったとしても次の本づくりに、その経験を活かすだけです。

36

常住坐臥《じょうじゅうざが》、すべてを「有難い有難い」で過ごすことにつとめている

——四角にも丸にも変化できる、水のような人になる

●〝四六時中〟〝あちこちに〟感謝は落ちている

水は方円の器に従う。

方は四角、円は円形です。四角い器に入れば水は四角い形になり、丸い器に入ると水は丸い形になる。どんな境遇にも適応して、落ち着く、という意味です。

本多先生は、如水生《じょすいせい》というペンネームを使って、文章を書くことがありました。水のように、自由に生きたいと思ったからです。

何事にも悲観することなく、ありがたいと感じて日々過ごす。朝、目が覚めれば今日生きていたことに感謝、忙しければ働けることに感謝。病気になれば、休息の時間を与えられたと感謝。

水のようにどんな境遇にも適応し、その境遇を感謝できる人は幸せです。

私にも、「今日は患者さんが多くて忙しいな」と思うことがあります。しかし、よく考えると、患者さんが多いのはとてもありがたいことです。患者さんがいないと、どれほどつらいか。探してみると、多くのことに感謝することができます。

運動をすると、体が健康でありがたいと気づけます。仕事がつらいときは、成長の機会が与えられている、ありがたい。こう気づけるものです。

37

老人は老齢と共に「愛」の感情が枯渇《こかつ》してくる

――自分を満たしてあげると、孤独から逃れられる

●愛より大事なものを減らしていく

老人が孤独になるのは、頑固で、利己主義で、かつ、自らの愛情を抑えるから。年齢を重ねると、愛の感情が減り、ますます老いぼれていく。

仲のいい老夫婦ははた目にもうるわしく、少しも滑稽ではない。子や孫やひ孫に対する愛着は、生活にうるおいをもたらす。こう本多先生は語っています。これは、老人ばかりに当てはまることではありません。

寛大に、謙虚に、親切に人と接しましょう。すると、孤独になることなく、周囲の環境も華やかになっていきます。

私も60歳となり、この言葉の意味をしっかりと考えなければな、と思いました。年を重ねると、なぜ、愛が枯渇するのか――。

それは、自分が満たされていないからではないでしょうか。たとえば、健康のほうが愛より大事になる。逆に言えば、健康で前向きであるからこそ、愛について考えることができるのだと思います。

相手のために喜ぶことをしてあげたい、次世代のためにいい環境を用意してあげたいと思えるのは、やはり自分が満たされているからなのです。

38

だいたい用事を済まさないまま寝ると、
真に安心して眠れないから、
早く床にはいって浅く長く眠るより、
遅れても安心して深く寝る方が有効である

――「すぐやる」「後回ししない」という王道こそ最高の休息術

●やはり仕事のやり残しがあると、疲れが抜けない

人よりも何倍も仕事をして圧倒的な結果を出すためには、しっかり休息することが重要です。しっかり休むためには、心に引っかかるものはすべて処理しておく必要があります。

仕事は先回りして処理していき、後回しにしない習慣を持つ。これが、自分を消耗させない秘訣です。

そもそも、仕事が中途半端な状態で寝なければならない状態に追い込まれているのが問題です。重要な仕事が終わらないということは、重要ではない仕事をやってしまっているということです。

私自身、仕事は前倒しで行なっています。本の原稿チェックも、期限より前に提出するようにしています。

やり残して寝ると気になってしまいます。

誰でも明日は、今日とは違う新しい仕事をしたいものです。だからこそ、今日やれることは今日やっておくことが大切です。

39

真の金儲けはただ、徐々に、堅実に、急がず、休まず、
自己の本職本業を守って努力を積み重ねていくほか、
別にこれぞという名策名案はないのであって、
手ッ取り早く成功せんとするものは、
また手ッ取り早く失敗してしまう

——コツコツつけた実力は、一気に失うリスクがない

●一気に上りつめた人には持てない強みとは？

お金を儲けるのは甘いことではありません。まずは、本職で努力を積み重ねていくしかありません。手っ取り早く稼ごうとすると、簡単に失敗してしまいます。

お金を稼ぐことも含めて、何かを成し遂げるには、継続していくこと以外にはありません。継続できるということは、社会に必要とされていることをやっているということでもあります。

私は本業の歯科医を35年、出版業界で著者として15年と、長く活動してきました。両方とも、知識やスキルをコツコツ磨いてきました。

少しずつ力を伸ばしてきたので、一気に実力が下がるということはないと思っています。その点が、短期間で一気に上りつめた人にはない強みだと思っています。

また、たまに「もう、著者や講演家としてやっていけるでしょう」と言われることがあります。

しかし、本業があるから安心して出版や講演に力を注げるのです。歯科医としての仕事がなければ、今のように著者として一線ではやれていないでしょう。少しずつ、堅実に、急がず、休まず、実力を高めていくことほど確実なものはないのです。

40

私のやってきたもので、
最も効果的であったものの一つに、
自称「行読法」というのがある

——短時間で学びの理解を深める「行読法」

●要点を抽出し、実践的教科書をつくる

本多先生は、行読法という読書術を実践していました。

まず、その日に学んだ講義筆記や参考書を集中して熟読します。重要な部分で覚えるべきだと思うところに、しるしをつけます。

1章読み終わるごとに、要点や定義などを別の紙に書きます。すると、学んだことのエキスを抽出した紙が出来上がります。

それを歩きながら読んで、頭に入れていきます。歩行しながら読むので、行読法と言うのだそうです。歩きながら読むと、学んだことがより頭に入るとのこと。

私は、医院経営の勉強のために、ドラッカーの経営戦略についての講座を受講したことがあります。そのとき、より深く身につけるために次のようなことをしました。

まず、その日学んだ部分を読み直します。その中で、特に重要な部分を見つけます。その部分に書かれている内容を、自分の医院経営にどう実践していくか紙に書いていきます。それを読みます。さすがに、歩きながら読むことはしませんでしたが、学んだことを自分の仕事に落とし込むこの方法は、非常に実践的な学習法で効果があったのでおすすめです。

41

一度《ひとたび》これを決した上は、もはや迷わず、疑わず、専心その業に勉励することである

――「あれ、これ簡単だ！」となる瞬間が必ずやってくる

●「この仕事、自分には合わないな……」と感じるのは〝知らない〟から

いったん、仕事を始めたのなら、迷わず、疑わず、集中しましょう。

初めのうちは、「自分に本当に合っているのかな？」「違う職業が良かったかな？」と思うことがあるかもしれません。でも、打ち込んでみると、上手にできるようになり、仕事自体が面白くなります。

成功する人とそうでない人に大きな差はありません。あと一息で成功がつかめるところまで来たときに、やめるか、やり続けるかの違いです。

自分が今やっている仕事が、自分に合う合わないという判断をするときに、その仕事がうまくできるか、できないかで決める人が多いように感じます。

もっと言うと、楽にできる仕事が自分に合う仕事で、少しでも苦労を感じると自分に合わない仕事と判断してしまいます。

自分に合う仕事と合わない仕事があると思ってしまうのは、実は「知らない」ということが原因なのではないでしょうか。難しい仕事だと感じるのは、簡単に解決する方法を知らないからです。「知る」ためには、仕事をやり続け、経験を積むことが必要です。努力していると、楽に仕事ができるようになる瞬間がやってきます。

42

あらゆる人生の快楽も富も名誉も、
勤倹を通して初めて得られるものである

――抑えるほどに、快楽は増す

●ある時期のハードワークは人生を楽にする

「倹約すなわち幸福であり、幸福の度は倹約の度に正比例するのである」

勤倹の勤とは、精神的、肉体的な生活を意味し、勤労や努力と同じような意味。倹とは、モノをつつましく使うことで、倹約という意味です。

勤労は人間の本能なので、生活に勢いを出し、価値をつくり出します。当然ですが、富は勤労から築かれます。このように、本多先生は言っています。

私は開業医になった当時、忙しい日々を過ごしていました。月曜から金曜の診察を終えると、金曜日の最終便で帯広から東京に移動し、夜の23時頃に安いホテルに到着。土日に歯科スキル向上のセミナーを受けて、日曜日の最終便で北海道に帰る生活をしていました。最終便では帯広まで帰って来られないので、千歳から寝台列車を使い、月曜日の朝4時頃医院に到着し、少し仮眠をとって9時から診療をしていました。

これには、休みたい気持ち、遊びたい気持ちを抑える忍耐力が必要でした。しかし、その結果、ニューヨーク大学で講演することができたり、たくさんの大きな成果を得ました。それだけではなく、治療のスピードが上がったり、うまくできるようになり、成長が実感できて、もっと学びたいと意欲が増していきました。

第３章まとめ

・課題を持ちながら自惚れると成長が加速する

・意見が一致しないときは、
「偶然の力に任せる」に限る！

・６～15 分の仮眠は作業効率を高める

・幸福感を得られるお金の使い方は、
たくさんより“右肩上がり”がカギ

・行読法は、短時間で学びを深く理解できる

・いわゆる失敗とは、
成功のためのプロセスである

・物事の裏を見れば、必ず感謝が見つかる

第4章

すべてを楽しむ余裕を得る

~遠慮せずに思いっ切りやっていい!~

43

心配は人生を達観する精神修養に欠ける者にのみ起こるものなのだ

——恐怖など、慣れてしまえばいい！

あえて不安要素を見つけて、向き合う

社会人の疲れは、肉体からくるものより、精神からくるもののほうが大きいものです。たとえば、心配は恐怖心を生み、心を消耗させます。

恐怖は見ないふりをすると、気づかぬうちに、だんだん大きくなります。それなら、不安要素とはしっかり向き合い、解決する覚悟を持ったほうが得策です。

恐怖から逃げずに向かい合いながら、心を鍛えていけば、心配に心が押しつぶされることはありません。

希望を持ちつつ、忍耐力を持ち、慢心を慎むことが大切です。

最近、いのうえ歯科医院の副院長が退職しました。地元に帰り、開業するのでうれしいことです。しかし同時に、十数年ぶりに、私はひとりで診療をすることになりました。これは、さすがに心配になりました。

しかし、もともとはひとりでやっていたことです。とりあえずやってみようと覚悟を決めました。不安要素をあえて見つけていきながら、徹底的に治療のやり方を見直し、スタッフとの連携についても考え直しました。

心配としっかり向き合うことで、医院全体で良い治療ができるように変化しました。

44

何事にもアッサリ物語的に話すがいい

——自分が感じた痛みを伝えると、意見を受け入れてもらえる

●コミュニケーション上手は、実例、物語をたんたんと伝える

自分の感情や意見を相手に押しつけようとすると、反発や争い、誤解が生じます。感情や思想は年齢とともに変わるものです。特に、年長者が年下の人に何かを押しつけようとすると衝突が起こり、不和の原因になります。

だからこそ、何かを伝えるときには、実例や物語を使って話すこと。くどくないようにあっさりと話すことが大事です。

自分の体験を基にして、自分の考えをたんたんと伝えるようにしましょう。アドバイスや修正点を伝えるときは、直接的な表現ではなく、間接的に伝えるほうが得策です。

私は準備万端で高校受験に向かい、必ず合格すると確信していました。しかし、結果は不合格でした。おそらく油断があり、集中できていなかったのでしょう。つらい体験でしたが、落ち込んでいる人を励ますときに、この話をしてみると立ち直ってくれる人が多いものです。

人に何かを伝えるときは、自分が痛みを感じた経験を基に伝えると意外と受け入れてもらえるものです。

45

一仕事終わったらその結果がどうあろうと、
まずそれをキレイに忘れること、
少なくとも忘れるように気分転換につとめること

――一度、仕事を忘れるから、またいい仕事ができる

●頭をリフレッシュさせるには、動画を見る時間も必要

何かを達成するためには、ひとつのことに集中して打ち込むことが大切です。

しかし、没頭するのはいいですが、執着すると判断が鈍ります。考えも偏《かたよ》り、思考にもキレがなくなり、考えも行動も現実離れしていきます。

そこで、本多先生は、一仕事終わったら結果を問わず、忘れることをすすめています。

忘れるための方法は、疲労回復に効果があって、精神的苦痛がないことをするのがいいと言っています。

次の仕事を質高く行なうためにも、気分を切り替えるのは重要なことです。

映画を観に行って仕事のことを考えていると、楽しくないでしょう。食事をしに行くときに仕事のことを考えていると、楽しくないでしょう。

一つひとつの場面をリセットすることが大切です。

私も仕事が終わったら、コーヒーを飲んだり、動画を見たりと自分なりの気分転換を行なっています。

気分転換をするから、頭がリフレッシュされ、明日の仕事に集中できるのです。

46

本業を基礎として活動を各方面に拡大していくうち、
ついに晩年には一般人世間題の相談にも
あずかるようになり、
およそ造林学には縁遠い処世の秘訣や、
幸福論などを口や筆にするようになったのである

――本業のために勉強すると、本業以外のチャンスもめぐってくる！

●ここぞというときのために、引き出しを増やしておく

本多先生の本業は造林学です。それに関連して、木の植え方を研究していると、庭園公園の専門家と言われるようになり、森林を仕立てて経済生活に役立たせようと経済学の知識を取り入れると、実地造林の相談をされるようになり、民間経済の相談にも乗るようになってきました。

本業を土台に、活動を広げていくことで、晩年には、処世術や幸福論などについて講演をしたり、本を書くことになりました。

私も同様に、本業の医療のためにいろいろと勉強したことで、さまざまな種類の本を執筆することができました。

私は、歯科医であり経営者です。そのため、マーケティング、セールス、マネジメント、チームビルディング、カウンセリング、コミュニケーションなど、さまざまな分野を勉強してきました。その知識は、歯科医院の仕事で実践した強みがあります。

そのため、私は、人間関係、お金、勉強法、コミュニケーションなど、さまざまなジャンルの本の執筆依頼がきました。本業に関連する勉強をしておくと、思いがけないときにその知識を使うことができます。

47

自ら求めて一種の被害妄想にかかるものが多い

――人を信じられなくなったときは、与えまくってみる

●すべては、減るから増える

失敗した人は悲観から、成功した人は警戒心から、被害妄想になってしまいます。他人はみんな敵であると思ってしまうのです。そして、他人は皆、不親切で冷淡だと思ってしまうようになります。

被害妄想に囚《とら》われている人は「出し抜かれるのではないか」といつもヒヤヒヤしています。はっきり言ってしまうと器が小さいのです。

だからこそ、器を大きく育てることが大切になります。では、何をすればいいのか。

それは、なんでもいいから人に与えていくことです。

スキルを教える、ビジネスモデルを教える、アイデアを教える……、なんでもいいのです。

自分の持っているものをすべて出し切るから、新しい情報を仕入れたり、新しい発想を生むことができます。

与えるから、より高いステージに行けるのです。恩を感じて、応援してくれる人も増えます。被害妄想をやめて、どんどん与える人になってください。それが、人を信じられなくなったときの打開策です。

48

退屈に堪えられないで
いたずらに刺激を求めて精力を消耗すれば、
ついに人生に成功することができない

——どんな偉人も、成功者も、退屈な時期を過ごしている

●退屈に堪える力があると、成功まで省エネでスムーズに進める

どんなに立派な人物の人生にも、面白くない、退屈な時期があります。それは、私たちも、大経営者も、歴史上の人物も同じです。

退屈に堪える力を育むことも、幸福になるためには必要です。人生の中で、変化がない時期は堪えがたく、退屈に感じるもので、不必要な刺激を求めてしまいます。

人は刺激に簡単に慣れてしまうもので、すぐに物足りなくなり、より強い刺激を求めるようになります。そして、際限なく刺激を求めるようになるのです。

多くの刺激を受けるようになると、心身のエネルギーを大きく消費することになります。エネルギーが枯渇すると、成功のために前進する力は失われてしまいます。

私は、海外留学を考えていた時期に事故に遭いました。命が助かったことに感謝するべきではありますが、前に進めないもどかしい時期でもありました。

しかし、事故から学んだことが、今の私を形づくっています。退屈なときは、ゆっくり考えたり、自分の人生を振り返る時間が与えられたと考えてみてください。

目標達成は、省エネで安定して進み続けることがコツです。ムダにエネルギーを消耗することなく一歩一歩着実に進むためには、退屈に堪える力も必要なのです。

49

希望に生きる。先へ先へと仕事の楽しみを追う

——成功者が希望を捨てない理由は「行動回数」を増やすため

●結果が得られるかはわからないが、0よりはマシ！

本多先生が提唱する、誰にでもすぐに実践できる「健康長寿法」というものがいくつかあります。その中に、「希望を持ち、先へ先へと仕事の楽しみを追う」というものがあります。

私は、この「希望を持ち」という部分がとても重要だと考えています。

希望を持ち生きるということは、自分を信じるということに他なりません。自分の可能性を信じて、輝かしい未来を創造する。

仕事でもなんでも、結果や成果が出るかどうかは、正直わかりません。

そんなときに思い浮かぶのは、それなら頑張っても頑張らなくても同じじゃないか、ということです。行動する意味を見失います。

ただし、ひとつだけ言えることがあります。行動しても結果が得られるかどうかはわかりませんが、行動しなければ絶対に結果は得られません。

私たちが唯一、どんなときでも使える武器は「心」しかありません。

積極的に動くのと、消極的に動くのとでは、どちらが有意義かは言うまでもありません。だからこそ、希望を持って、積極的に生きてほしいと思います。

50

真に職業と趣味とが一致した生活にこそ、
正しき人生、勝利の人生、
幸福の人生が築かれるのであって、
かかる人々は地位の高低や、資格の有無を問わず、
社会になくてはならぬ有用な人となり、
一家の繁栄はいうに及ばず、
郷党《きょうとう》社会に重きをなす人となるものである

——仕事と趣味を一体化させると人生すべてが楽しくなる

●仕事の幅が広がると、楽しみの幅も広がる

仕事が上手にできるようになり、楽しみを感じられるようになると、人生にいい効果が生まれます。

その仕事に直接的間接的に関連する仕事に接する機会が増えるからです。

そうすると、その仕事から、必要な交際も旅行も増していき、人生をとても楽しめるようになります。職業と趣味の境界線がなくなってくるのです。

だからこそ、努力して仕事力を高め、仕事と趣味が一致する人生を実現させましょう。

私の場合は、歯科医、著者、講演家、コーチなど、すべての仕事がフル稼働しているときに喜びや楽しさを感じます。

これだけ仕事をしていると、北海道、東京だけではなく、いろんな所に出張することがあります。その土地その土地を楽しむことができます。

趣味というと真剣さが足りないように思われてしまうかもしれませんが、仕事が趣味化していると言ってもいいと思います。

フル稼働で仕事をすることで、人生がとても楽しくなっています。

51

反対があるために自分の主張がよく検討され、
洗練されて進歩するのだから、
むしろ反対党や反対者がいるのを歓迎すべきである

――成功のために反対者と同化する

●成功には、緊張感と競争力が必要

人の考えはさまざまで、自分の反対の意見を持つ人がいるのは当然のことです。自分の意見が正しく、優勢であっても、全員を自分の意見に従わせることはできません。

また、反対者がいなければ、緊張感がなくなり、努力することがなくなります。自らを堕落《だらく》させ、思考や気力を弱らせてしまいます。

敵の力によって敗れたのならまた這《は》い上がって復活できますが、自分で自分を敗れさせると復活できません。

だから、反対者がいたら大切にして、自分の仲間として受け入れ、競争力を入れ、同化する器量を持ちましょう。

私は、自分の著書についてのレビューでいろんな意見を見ます。当然、悪いレビューもあるのですが、「ああ、こういう考え方があるのか」と参考にしています。

意見が違う人ほど、対立するのではなく吸収することが大切です。

また、どんな人に対しても、自分から攻撃すると、相手は気持ちがいいものではありません。もっと言うと、良かれと思って言ったアドバイスも、多くの場合は相手にとって嫌なことです。人との対立は避けるに越したことはありません。

52

毎日をできるだけ忙しくする工夫が大切である

——実は、元気と若さの源は「忙しさ」

●自分でやれることを、自分でやるだけでいい

「よく食べ、よく眠る」という健康の秘訣は、毎日をできる限り忙しくすることで実現されると、本多先生は語っています。

自分でやれることはなんでも自分でやる。本多先生は、事務所のことは自分でやれることはやり、家庭でも玄関番、そうじなどなんでも引き受けていました。

そして、書くこと、話すこと、視察、指導、講演など、とにかく忙しくしていました。

75歳以上の仲間で集まったところ、大学を離れても、研究、経営、社会事業に忙しくしている人は、元気で若さを保っていたそうです。

仕事が人を老けさせない。忙しさが人を若返らせるのでしょう。

私は、月曜日から金曜日まで帯広で歯科医院の仕事をしています。土日は、東京で、書籍や雑誌、講演会などの打ち合わせ、取材を行なっています。

毎日忙しく、仕事をしない日はありません。そして、一緒に仕事をする人々は年齢も職種も多種多様です。

これが、若さや健康を保つ秘訣なのだと思います。

53

与えられた仕事に、
迷わず疑わず一所懸命努力していると、
その仕事が楽にできるようになり、
ついに遊んでいるより仕事をしている方が面白いから、
ますます仕事に夢中になってくる

――人生で一度は過ごすべき、
評価と収入を高める「仕事オタク」の時期

●四六時中仕事のことを考えている人はやっぱり強い

仕事において努力することは、初めのうちは少しつらいときもあります。

しかし、「この仕事は天職だ」と信じ、一所懸命頑張っていると、仕事に慣れ、上手にできるようになります。

この仕事は自分の性格に合っていないと思っていても、慣れると性格に合ってくるものです。仕事が上手になり、楽しめるようになると、信用も評価も高まってきます。

私は仕事が楽しくて、一時、枕元に歯の模型を置いていたほどです。目が覚めたら、この部分はどういうかみ合わせになるのかな、などと確かめていました。

たまに、イメージで模型の下の歯になり切って、上の歯が下りてきたときにどんな感じがするのだろうか、などと考えていました。

また、サンプルの入れ歯を口の中に入れて、感触を確かめたりしたこともあります。こういったことは、患者さんの快適な口内環境をつくるために役立ち、より良い治療を行なうことができました。

仕事を楽しんでいると、腕も上がり、評価もついてくるようになるものです。

54

一時的な俠気《おとこぎ》を出して、
自分がツマらぬ謙遜をした結果で、
八年間の助教授中、絶えず、
ああ馬鹿なことをしたものだと
煩悶《はんもん》が心の中を去らなかった

——謙遜するな！　チャンスは迷わずつかめ！

善行のつもりが、出世が遅れただけ！

本多先生は、ドイツ留学から帰国すると、農科大学の教授になるよう依頼されました。それは、異例の抜擢《ばってき》でした。しかし、問題もありました。それは、かつて教えを受けた2人の助教授の上に立ってしまうということです。本多先生は、謙遜しました。

そこで、助教授となることにしました。そして、その両氏と地位も年棒も同等となりました。善行を行なったようでしばらくは自己満足に酔っていたそうです。

しかし、大学予算縮減の結果、両氏の昇進が遅れ、それに続く地位の本多先生も昇進が遅れました。若さもあり成功を欲していた頃で、まだ給料が少なかったこともあり、この進級行列にイライラし、とても悩みました。

チャンスは、謙遜せず、受けてしまいましょう。人からいいポジションの打診があったら、その地位をつかんでください。

受けないということは、相手の期待をないがしろにするということです。失礼でもあります。

また、一度断ると、同じ組織なら、二度目のチャンスはなかなかきません。将来の自分のためにも、不必要な謙遜はやめましょう。

55

理想追求は人間の本性であって、
そこに「人生即努力」の
絶えざる精進が生れてくるのである

——結果を得ながら、エネルギーも充電する一工夫

●理想と目標を同時に持つとエネルギー不足を防止できる

人は欲望を充実させるために生きている。

物質的な欲望と精神的な欲望。２つの欲望を調和させ、混じりけがないように純粋にする。そして、真善美の生活を送るのが、私たちがやるべきことである。

精神の力で物質的欲望を支配する。思い通りにならなくても、精神力で感情をコントロールする。過失が起こっても、悲観したり絶望したりせず、理想に向けて前進していく。こう、本多先生は言っています。

目標を持つことも大事ですが、理想を持つことはもっと大事だと私は考えています。目標は達成すると、前進のエネルギーが減っていきます。

一方、理想があると「もっと頑張ろう」とエネルギーを生み出し続けられます。理想とは最高の姿なので、なかなか到達することはできません。しかし、だからこそ、理想を持つ意味があります。エネルギーを生み出し続けられるからです。理想があるから、人は人生を本気で生きようと思えます。

理想を持ちながら、目標を達成していきましょう。そうすると、結果を得ながら、前進のエネルギーを生み出し続けられます。

56

本業に妨げなき好機は
いやしくも逸《いっ》しないこと

――ざっくりした知識ほど大成功のもととなる

●本業以外のことを知らなすぎるのも問題

本多先生の専門は林業ですが、内務省の煙害調査委員となってセメント工場に行った際に、セメントについて一通り研究をしました。

時が経ち、原料土質の豊富な工場設立に適した地を発見し、ある実業家に「ここにセメント工場を建てると有望だ」とアドバイスしたところ、立派に成功しました。

機会を利用して、ざっくりでも、いろいろなことを知っておくと、その知識がいろいろと役立つものです。

学びの機会があったら、できるだけ見聞きするようにしましょう。

本業といっても、よく考えると、いろんな要素が絡み合って出来上がっています。

治療計画を考えてみます。歯科的な治療の観点もありますが、マネジメントの面もありますし、カウンセリングの面もあります。

本や講演、セミナーの仕事で学んだことを、歯科の仕事に応用した例はたくさんあります。

いろんなことをやってみることで、本業にも役立つものです。

第4章まとめ

・聞き入れてほしいことは、実例や物語を使って、
たんたんと伝える

・仕事は一回一回忘れて、リフレッシュする

・仕事オタクの時期を過ごした人は強い

・「与えて、出し切る」から、能力が高まり、
応援者も増える

・退屈をしのぐ技を知らないと、
心身を大きく消耗する

・私たちがどんな状況でも使える武器は
「心」だけ！

・侠気は出さないこと！　謙遜しない！

第5章

一点に深く集中する

～当然、やり続ければ勝てる～

57

現在に感謝し日に新たなる努力を楽しむ

――やっかい事が起こっているとき、人生はイージーモード

●成功が目前に迫っているときの合図とは？

「現在に感謝し、日に新たなる努力を楽しむ」とは、どんな人でも、人生を愛して、仕事を楽しんで努力することで、安心が得られるということです。

天はできないことを人間には与えません。これは生物学上の原則なのだそうです。「やっかいな仕事がきた、どうしよう」ではなく、やっかいな仕事がきた「ありがたい」と喜んでそれにとりかかる。こうすると、幸福になれると本多先生は言います。

実は、やっかい事や問題が起こっているときほど、人生はイージーモードなのかもしれません。それを克服さえすれば、成功するのですから。

逆に、何もない平凡な日が続いているほうが、難しい人生なのではないでしょうか。明確に何かやるべきことが決まっているわけでもなく、ただただ日々を暮らすことほど精神的につらいことはありません。

変化のない日々を生きるということは、衰退の人生を生きているということでもあります。現状を維持しようと生きていると、少しずつ衰退していくものです。

問題が起こったら感謝して、解決していきましょう。成功が目前に迫っている合図です。

58

もし止むを得ず、
他人の説や他人の仕事を批評する場合には、
必ずその改良案を添えること

——代替案も改良案もない怒りに、相手は心底冷める

●怒鳴りたいだけなのか？　具体的に動いてほしいのか？　どっち？

他人の意見や仕事について批判することになった場合には、必ず代替案や改良案を提案するようにしましょう。

相手を攻撃するだけでは、なんの意味もありません。敵が増えるだけで、かえって成功の妨げになります。

一方的で感情的な批判をするだけでは、相手は「この人はどうしてほしいんだろう」「怒っているのはわかるけど、何を改善すればいいんだろう」と思ってしまいます。

以前、私は、スタッフのキャンセル対応に関してアドバイスすることがありました。そのときも、こんなやり方が他にもあるよと、代替案を用意して話しました。

相手をただ責めるだけでは、現実は何も変わりません。相手に考えてもらうのは大事ですが、自分の代替案、改良案を伝えないと、相手は動きようがありません。

考えてもらうにも、行動してもらうにも、材料が必要です。

また、あなたの案を実行してくれたら褒めることも大切です。あなたのためにやってくれたのですから、相手への感謝の気持ちを忘れないでください。

59

底抜けの楽天とわらうなかれ。
世の中のこと、それかといって、
底抜けの悲観ばかりでも始まらないではないか

――どうせ私たちは偏るんだから、楽観主義でいけばいい

●「なるようになれ」と思えたら上等

何事にも偏ることなく、中庸でいることは大切です。

楽観的になりすぎると足元をすくわれますし、悲観的になるとエネルギーが高まらず、行動できなくなってしまいます。

しかし、私たち凡人は、中庸を選び、中道を行くことがなかなかできません。考えも行動も偏りますし、一貫性がなく変化します。

それならばもう思い切って、楽観主義で行くべきです。悲観してばかりでは、何も始まりません。

マイナス思考で生きるぐらいなら、プラス思考で進んでいくほうがマシです。

精いっぱいやったら「なるようになれ」、これでいいのです。考えてもしかたないときには、プラスに考えたほうがいい。

書籍も講演会も、精いっぱい内容を考えて、制作して、世に出してみるしかありません。ヒットするかもしれませんし、しないかもしれません。

だけど、前向きにがむしゃらに頑張ったほうが、チャンスをつかむ可能性は高まります。

60

その程度は、
あらかじめ達し得ると推測できる目標に、
さらに高遠雄大な理想が多少加味されたものが
適当であろう

——目標は２つ持つからうまくいく

●〝大イメージ〟と〝プロセス〟で息切れすることなく進む

計画を立てるときには、自分の性格や状況を把握して、さらに社会の動きも見ながら、最良の目標を立てるべきです。

自分の実力からかけ離れた大目標を立てても、机上の空論になる可能性があります。しかし、小さすぎる目標を立てても前進のエネルギーが生まれません。

計画するとは人生をより良くするということなので、成長の要素が盛り込まれた目標を立てなければなりません。

私は、大きな目標と小さな目標の２つを持つことの大切さを、よく講演会でお話しします。

大きな目標は、最終的にこうなりたいという大きなイメージです。しかし、これだけでは何をどうすればいいのかが不明確です。

そこで、仕事面や経済面で達成したい具体的な目標も立てます。これは達成へのプロセスやリスクもイメージできるものです。

大きな目標だけでは動けない、小さな目標だけでは人生のスケールが小さくなる。理想の人生を実現するためには、２つの目標を持って進んでいくことが大切です。

61

私の体験によれば、幸福は、
その要素として次の六つの条件が必要である

――幸福になる6つの条件

●本多流、幸せな生き方

本多先生は、幸福になるには6つの条件があると述べています。

【1　心身が健康であること】小さなことにくよくよせず、さわやかに活力に満ちていること。

【2　自分の望みが叶うこと】自分の欲望が満たされること。

【3　自分の努力により欲望が満たされる】欲望が満たされるには、自分の努力による場合と、偶然による場合がある。偶然で手にした成功は長持ちしないし、かえって幸福を破壊する。

【4　自分の心に快感を覚える状態であること】私たちは心のあり方によって、不幸にも幸福にもなるので、あらゆる場合を幸福に感じられるように精神を鍛えること。

【5　比較的進歩的であること】欲望は絶えず向上し、進化し、満足のラインは上がっていく。小より大、下より上に後ずさりせずに進んでいかなければならない。

【6　社会の希望に反しないこと】真の幸福をつかむためには、実は自分の欲望を満足させるだけでは十分ではない。自分ひとりで生きているのではなく、お互いに社会をつくっているので、自分の欲望が他人の欲望と調和していなければならない。

62

人生の最大幸福は
その職業の道楽化にある

――当たり前だけどなかなか気づけない、仕事を楽しくするコツ

●結局、「できる!」と楽しい

「職業の道楽の愉しさは最上のもの」であると本多先生は言います。アーティストや芸術家、作家は代表的ですが、仕事を苦労と捉えず、楽しんでいる人たちがいます。私たちも自分の仕事を上達させ、楽しむことが可能です。仕事の芸術化、趣味化、ゲーム化、スポーツ化、享楽化は可能です。

道楽化する方法はシンプルです。ただただ努力すること。

努力を重ねると、仕事のことがよくわかってきて、上手にできるようになります。すると、仕事に楽しみや喜び、幸せを感じられるようになります。

私自身、歯科医になりたての頃は、できないことがたくさんありました。

少しでも仕事ができるように、本を読んだり、国内外のセミナーに行ったりしました。時には、著名な先生にマンツーマンでレッスンをお願いしたこともあります。

今では、難しい手術を行なうときも不安も苦痛もありません。やり方がわからないということがなくなったからです。難しい手術を成功させたときこそ、充実感を得るようになりました。難易度が高い手術を任せられるということは、人と違った状況を与えられているということなので、とてもうれしく思っています。

63

世の中には
天才だけにしかできぬ
という仕事はあまりない

——よく考えてみると、仕事に才能など必要ない

●「天才にしかできない仕事などない」から安心しよう！

苦手なことでも一所懸命やれば上手になるし、好きになるので、天才に近いものになれます。

天才が1時間でやってしまうことは、2時間やって追いつけばいい。3時間やって追い抜けばいい。

平凡な私たちが大成する秘訣はこれしかありません。「天才マイナス努力より、凡才プラス努力のほうが勝てる」と本多先生は言っています。

現実的に考えると、天才にしかできない仕事などほとんどありません。

たとえば、天才で医療の知識が豊富であったり、天才的に手術がうまい人がいたとしても、その人にしかできない仕事というのは少ないと思います。

手術もトレーニングを積み重ねることで、必ず誰もがある一定の水準になるのです。天才にしか手術ができないということはありません。

「井上先生は講演が上手ですね」と言ってくれる人もいますが、私は話すスキルの勉強とトレーニングに時間をかけただけです。

才能などなくても、努力すれば、仕事で結果を出すことは可能です。

64

この世の中に
絶対の安楽や絶対に苦痛のない生活を望むのは、
また絶対にヨロコビのない
幸福のない生活を望むのと同じで、
死んだ人と同じであり、
人生としてこれくらいバカゲたことはない

――安楽を求めると、幸福は永遠に手に入らない

●苦痛を味わうメリットとは？

ある程度の苦痛は、あってもいいものです。

快楽は苦痛と裏表です。そのため、苦痛から離れてしまうと、快楽を味わうことができません。苦痛を克服するから、快楽を感じられます。苦痛が全くない状態では、快楽を得ることができなくなってしまいます。

悪が善の価値を高め、寒さが暖かさの価値を高めます。苦痛が快楽の価値を上げると、本多先生は言っています。

なぜ、人生は楽しいのか。それは、悲しみ、苦しみ、不幸があり、それを克服するからです。うれしさ、幸せを感じるために、苦痛があるのです。

そう考えると、人生で起こることはすべてありがたい。

一所懸命仕事をするから、休みのありがたみがわかります。毎日休みだとかえって、疲れが取れないのかもしれません。低い地位だったから、高い地位になったときに嬉しいのです。苦痛のない世界には、喜びも快感もありません。

苦痛を感じたり、失敗したりしても、落ち込む必要はありません。それを乗り越えるからこそ、成功の喜びが増すのです。

65

他者、来訪者の言に傾聴して、問われざるは語らず

——語らず肯定する、これが最強のコミュニケーション術

●「あなただったら大丈夫です」という一言の効果

年長者になったら、他者や来訪者の話をしっかりと聞き、尋ねられたときだけ答えるようにする。

これが正しいコミュニケーションだと本多先生は言います。

私は講演会、セミナー、懇親会では、話すことを求められます。話すことが仕事のせいか、意識しないといつまでも話し続けてしまいます。

また、情報を発信する立場にあるため、質問されたらよりたくさん答えようとする習慣がついています。

しかし、コミュニケーションでは、聞くことが大切です。

聞いてあげることには、とても効果があると気づいた瞬間があります。

ある方から悩みを相談されたときに、私はとにかく聞き続けました。そして最後に、「あなただったら大丈夫です」と一言お伝えしました。

その方は、「すごく勇気づけられた」と元気を取り戻されました。

「語らず、肯定してあげる」ことほど、相手を安心させるコミュニケーション法はありません。

66

人は、自己の実力を知って
みだりに他人を羨《うらや》むことなく、
かえって大いに自己の修養に努めるべきである

――「人をうらやむこと」にはプラス面とマイナス面がある

●足を引っ張りたくなったら要注意！

人をうらやむことは、誰にでもあります。羨望《せんぼう》の思いは、人を奮い立たせる力を持っており一時的に役に立ちます。「自分も得たい」という思いで頑張った成功者は多いでしょう。しかし、人をうらやむ思いは、無限に広がっていきます。

もっと、もっと、もっと……。羨望の思いが強くなりすぎると、他人の足を引っ張ったり、不幸に陥れようとしてしまうことまであります。

マイナスに働く羨望の気持ちは捨て、その代わりに、自分の能力を磨きましょう。

私自身、１００万部の本を書いた人やネットでバズっている人を見ると、うらやましいなと思うことがあります。しかし、うらやんでもしかたありません。

他にも、私は長年肉体づくりをしているので、モデルさんはうらやましく思います。でも、生まれながらに美しい体を持っているわけではないので、自分なりに好きな服に合う体をつくるトレーニングをやっていくしかないのです。姿勢、可動性、筋肉のバランスを考えながら、ボクシング、ピラティス、筋トレをコツコツやっています。

過度に人をうらやましがってはいけません。自分の理想と現実のギャップを埋めるように頑張っていくことのほうが大切です。

67

人間奮起するのに、
いまからではもうおそい
ということは決してない

——年とっても勝てます

●「へこたれない限り成功はつかめる」と証明されている

私は、著書を100万人の人に届けたいという願いを叶えることはできました。次なる願望は、一冊の本を100万人の人に届けることです。

人間は死ぬまでチャンスがあると思っていますので、私はあきらめません。かなり高いハードルですが、絶対に不可能だとは思いません。

私は今年60歳です。これから何冊本を出せるかわかりません。

しかし、「一冊の本を100万人に」という願いがある限り、ここまでやったのだからもういいい、という気持ちにはなりません。

今までやってきたから、ポジションもあり、チャンスがあると考えています。

高橋是清がペルーの銀山で失敗して、裸一貫から出直したのは40歳過ぎの頃だったそうです。ケンタッキーフライドチキンの創業者カーネル・サンダースも、チキンラーメンやカップヌードルを開発した安藤百福も遅咲きの成功者です。

人はいつからでも奮起することができます。

本多先生は、いかなることにも時の加勢を得ることを処世のひとつにしていました。

そのためには、へこたれないこと。勇気を奮い立たせることが大切です。

68

本職に差し支えない限り、
否本職のたしになり、
勉強になる事柄を選んで、
本職以外のアルバイトにつとめることである

——アルバイト感覚の仕事で収入の複線化を狙う！

●節約だけでは財産がつくれないのも事実

大きな財産をつくっていくには、節約だけではなかなかうまくいかないのも事実です。収入の複線化が必要です。

本多先生も、１日１頁の文章執筆というアルバイト感覚の仕事を25歳から始めました。忍耐と継続が必要で、最初は苦しかったそうです。

しかし、10枚20枚と書いた原稿用紙が集まってくると、だんだん執筆が面白くなってきたようです。

私も同じで、本業の歯科医をやりながら、出版のお仕事もやっています。初めの頃は、なかなか難しい仕事だと思いましたが、今では楽しんでやっています。

講演やセミナー、コーチングの仕事をするときは、マーケティングやマネジメントなどの仕事にも関わります。

こういった仕事は、医院でのマーケティングやマネジメントにも役立ちます。

歯科医師をしながら著者であり、講演家、コーチでもある。そうすると、収入にもいい流れが生まれてきます。

ぜひ、あなたも収入の複線化を目指してみてください。

69

いよいよ老年期になると、科学知識を乗り超えて科学霊感の知識に到達する

――一流が通る道「科学的知識から勘へ」

●失敗を減らすことも大事だが……

壮年期には妄想から脱却して、科学知識によって人生の営みを行なう。

老年期になると、青壮年時代の科学的原理と、永年にわたる体験との上に立つ、いわゆる「勘」の世界で生きていくことになる。

本多先生はこう言います。

物事を行なうときに、すでに成功している事例をベースにして、どう進めばいいのか決めるのは賢い方法です。間違った方向に行かないための指針となるのが科学的な知識です。

しかし、残念ですが、科学ですべてのことがわかっているわけではなく、人生全般において科学知識が使えるわけでもありません。

そこで、力を発揮するのが「勘」です。今まで経験したことは、潜在意識の中で蓄積されています。その中から出てくる勘に助けられることはよくあります。

時には、直観に従ってみると、案外いい方向に人生が進んでいくものです。

経験が少ない時期は、科学的根拠を持ちながら進み失敗を減らす。経験を積んだら、勘を使いこなす。そうすると、良案が思いつき、結果を得られるものです。

70

職業を尊び、職業を楽しみ、努力する生活は、この世を楽園にする道である

——たったひとつのことを徹底的にやる

●得意になってから、楽しくなる

私は毎日、フェイスブックに「価値ある人生を送る方法」を投稿しています。毎日の投稿は、初めのうちこそつらさを感じましたが、継続していると周りの人からいろんな反応をもらえるようになり、楽しくなってきました。「こんな人が読んでくれているのか！」という著名人もたまにコメントをくれたりします。自分の発信した情報が、他者の成長や喜びになっていると思うと、充実感を得られます。

自分の希望した職業に就けなくて、不満を感じている人もいるでしょう。しかし、自分の好きな仕事に就いても、努力の量が不足すれば成功はできません。

逆に、初めのうちは自分には合わないように感じた仕事も、努力を重ねれば成功する可能性があります。

仕事に慣れて、スキルを磨き、能率や効率が上がると、仕事が上手にできるようになります。得意になると、楽しくなるものです。

何かひとつのことを徹底的に続けると、喜びや楽しみを感じることができるようになるものです。

第5章まとめ

・何度も繰り返せば、
誰でも仕事の天才のようなものにはなれる

・雰囲気で人は動いてくれない！
代替案、改良案が必要！

・結局、楽観主義でがむしゃらに進むのが得策！

・苦痛を克服するから、
「快楽を味わえる」ということを忘れてはいけない

・アドバイスするよりも、
肯定してあげるほうが喜ばれる

・この世に遅咲きの成功者は山ほどいるから
安心していい！

・アルバイト感覚の仕事で収入の複線化を狙う

第6章

品格がお金と成功を引き寄せる

～大きな器いっぱいに成果を入れる～

71

およそ人は、気の持ちよう一つで、
陰気にも陽気にもなり、
愉快にも不愉快にもなる

——心の持ち方次第で、人は幸せにも不幸にもなる

●どんなときも「何か得てやる！」で乗り切る

本多先生は、常に心を明るく、元気な状態に保つことをすすめています。心が快活なら、心身の健康が手に入り、人生がうまくいくからです。

人間は、気持ちの持ち方によって、陽気に、愉快になれます。逆に、心の持ち方によって、陰気になり、不愉快になります。

自分より不幸せな人を見れば、自分は幸せだと感謝することができます。努力によって、成功できるかもしれないと希望を持つと、明るく元気になれます。どんな困難に直面していても、命を取られるよりマシです。

物事のマイナス面を見るか、プラス面を見るかで、心の状態は大きく変わります。私は、毎週月曜日の始発便で、東京から北海道に帰ります。初めのうちは、朝早く起きて帰るのは気が重かったのですが、前日に帰る準備をして、朝やることを減らせば、ラウンジで一仕事できる余裕が生まれることに気づきました。

つらい状況でも、今よりも「もっと何か得ることはできないか」と考えると、世界は違って見えるようになります。

考え方によって、つらいことも、楽しいことになるのです。

72

どんな些《さ》細《さい》なことでも、
一応周囲の思惑を考えてみる必要がある。
間違いのない、正しいと思ったことでも、
世間では往々とんでもなく誤解してみる場合が多い

――言動は〝第三者的自分〟にチェックしてもらう

●ちょっとしたことが足かせとなることもある

以前、尊敬する歯科医の方からアドバイスをもらいました。

あるとき、私はＳＮＳで知り合いと気楽にコメントをやりとりしていました。そのやりとりを見ていたその先生に、「井上さん、軽い人間だと思われるからやめなさい」と言われたのです。たしかに、じゃれ合っていると見られてもしかたがないやりとりをしていました。行動するときには、自分の価値観だけではなく、社会的にどう見られるかという視点を持ちましょう。

たとえば、ＳＮＳで自由に投稿するとします。近しい周りの人は評価してくれるでしょう。しかし、違う層の人たちから見ると、ピントのズレたことをしているように見えるかもしれません。

私は自戒の意味も込めて、コーチングの参加者によく言います。

「自分のやっていることが社会性に優れた人、多くの人から認められている人、人格の高い人から見て、どう見えているか考えましょう」と。

ちょっとした言動が、将来的に足かせになることもあります。

第三者的な視点を持ちながら行動することを心掛けてみてください。

73

計画なくして自由なしとも断ずべきである

——ストレスフリーの人生には計画が必要

●刹那《せつな》主義では人生は崩壊する

計画を立てると言うと、堅苦しく感じる人がいるかもしれません。しかし、自由を得るためには計画が必要です。刹那主義、享楽主義では、物事を行きあたりばったりで行なうことになってしまい、人生が立ち行きません。

人生計画を立てて、目標を定めるからこそ、毎日の生活を頑張り、喜びを感じることができます。価値ある人生を歩み、人生を楽しめます。

人生計画とは、努力の計画でもある、と本多先生は言います。

私は大学生のときに、インプラントの治療ができる歯科医になろうと決めました。将来のことを教授に相談すると、「大学院に行って博士号を取ってから海外留学をして、インプラントの勉強、研究をしなさい」とアドバイスされました。

これで、将来何をすればいいのかが決まりました。

そこからは、開業時期、収入、資産、開業資金の返済、結婚、子供、子供の教育、病院の経営など、さまざまな要素について計画を考えていきました。

このおかげで、今ではストレスフリーの人生が達成できています。好きなように仕事もできているので、精神的にも満足感を得ていて、活力にあふれています。

74

金というものが経済生活の手段である以上、
金は決してバカにしてならないと思っている

――お金に感情を付けない

●「お金とは、何を表しているのか？」を知る

お金が経済生活の手段である以上、お金をバカにしてはいけない、と本多先生は言います。

「お金は汚い」「金儲けは悪」……。お金をバカにするような人は多いものです。こういう人に限って信用できません。お金を大切にする人、お金を軽く扱わない人ほど信用できます。

私も、お金に関して、軽く扱わないほうがいいと考えています。

お金を稼ぐ＝悪と考える人はまだまだ多いようです。しかし、お金自体が悪いのではなく、お金に人間が悪い感情や意味を付けることに問題があります。

お金とは、どれだけ社会や人に貢献できたかを測るものだと捉えてください。

お金は他人からいただくものです。他人に感謝される生き方ができた結果、お金が手に入ります。そう考えると、お金はバカにできるものではありません。

また、稼ぎ出したお金は、あなたが命をかけて手にしたものです。とても貴重なものです。しっかり守り、ムダに使わず、お金がお金を生む使い方をしていきましょう。

75

急ぎのものから先にやるのはもちろんであるが、
その次にはいやなこと、難しいことを先にし、
好きなこと、やさしいことは後にすることにしてきた

——楽な仕事と難しい仕事、どちらから処理すると効果的か？

●成果を高める仕事の順番

まず、緊急の仕事から処理する。

次に、嫌な仕事、難しい仕事を処理する。

最後に、好きな仕事、やさしい仕事を処理する。

これが、本多先生の仕事術です。これは、私もその通りだと思いました。

緊急の仕事から仕上げていくのは当然ですが、私も、楽な仕事より、難しい仕事から手をつけていきます。嫌な仕事、難しい仕事ほど、時間をかける必要があるからです。

先に、好きな仕事や簡単な仕事をやってしまうと、時間のコントロールが難しくなります。重要だから難しい仕事、価値があるから大変な仕事なのです。

好きな仕事から処理すると、残り時間で嫌いな仕事、難しい仕事を仕上げることになるので、急いで作業することになり、クオリティが下がります。

また、好きな仕事、簡単な仕事は疲れていてもできてしまいます。しかし、嫌いな仕事、難しい仕事は、エネルギーに満ちた状態でなければできません。そういう意味でも、仕事を処理する順番は意識しましょう。

76

考えたこと、計画したことを、
われわれは行うことによって真に知り、
真の力を得るのである

——どんな小さな計画でも、実行すると自信が生まれる

●小さなことを成し遂げると、それが次の仕事の武器となる

私は学んだ歯科技術を、まずは、人の口の模型を使って試してみます。その次に、豚の顎骨《がっこつ》を使って、試してみます。ここまでやって、学んだ技術を使いこなせたという実感を得られると自信が生まれます。

自信が持てるまで訓練しておくと、実際に患者さんを手術するときに、なんの不安もなく、ミスなく成功させることができます。

考えたことや学んだことは実行して、実際にうまくいくのかいかないのか検証するべきです。これを積み重ねていった結果、本当の力がついてきます。

何度も繰り返していると、失敗するパターンもわかってくるので、リスクも避けられるようになります。

計画も同じです。いかに素晴らしい計画を立てても、実行しなくては意味がありません。実行することで、はじめて成果が生まれます。

どんな小さなことでも、成し遂げると自信が生まれます。その自信は、次の仕事、もっと大きな仕事をするための武器となります。

だからこそ、日々の小さな行動を怠らず、常に前進することが重要です。

77

真の厚生とは、日常生活そのものの中にあるのである

——人生を面白く、楽しくする一工夫とは？

●仕事を大事にするから、その他の時間が充実する

厚生とは、人の生活を健康で豊かにすることです。

スポーツ、趣味、グルメ……、体によくて、面白くて、楽しいことはたくさんあります。しかし、成功を目指しているのなら、そんな悠長《ゆうちょう》なことを言ってもいられません。まずは、仕事に力を注ぐことです。

ただし、厚生がなくていいと言っているわけではありません。仕事に打ち込みながら、日常に楽しみを見出すことが大事だと本多先生は言います。

厚生のために、わざわざ多くの時間、お金を注ぎ込まなくていいということです。

私は仕事人間だったので、仕事以外のことにはあまり興味を持たずに生きてきました。しかし、それがかえってよかったのかもしれないと思っています。

とにかく働いてきたので、経済的基盤はしっかりしました。これから後の長い期間、芸術などの厚生を楽しもうと思えば楽しむことができます。

また、働いている時間も長いため、睡眠や家族とのコミュニケーションも貴重になります。だからこそ、より濃密な時間を過ごせていると感じています。

目標を持ち、仕事に力を入れると、生活全般が豊かになると感じています。

78

快活になる法は別段難しいことではない

——他人のために生きるほど人生は長くない

●人生を謳歌《おうか》したいなら「人からどう思われるかな」は手放す

快活とは、心が明るく、元気であることです。心が快活だからこそ、仕事も人生も楽しむことができます。暗い表情の人には、誰も近づきたくありません。逆に、笑顔で明るい表情の人には、近づきたくなります。

笑顔は、勤勉、正直、満足、感謝の象徴です。快活な人は、人に好感を与え、かわいがられ、助けられ、引き上げられます。快活さは成功の条件です。

人は、心の持ち方次第で、明るくも暗くもなれます。「人はどう思うだろう……」、などとなんでも気にしていたら前向きにはなれません。

私は、毎週末に東京に出張することを何十年も続けています。現在は、講演や書籍関係の仕事で東京に行くことが多くなりましたが、以前は勉強会、セミナーに参加していました。周りからは、「患者さんがいなくなるよ」「体壊すよ」「そこまでする必要あるの？」と言われました。

しかし、そんな声を気にしていては何もできません。私は批判されても、常にポジティブな気持ちで自己研鑽をし続け、結果を出すことができました。

本多先生は、心を快活に保つには、遠慮は禁物だとも述べています。

79

どんなに忙しくとも、
またどんなに馬鹿馬鹿しくとも、
いちいち親身になって聞いてやるだけの
用意と忍耐がなんとしても必要である

——相手にとってあなたは１００％の存在

●相手と自分の価値を限りなく同等にして不安を消してあげる

経験や実績を積んでくると、他者からの意見や提案が、つまらないものに感じられるようになります。

しかし、大したことはないと思えても、ばっさりと切り捨ててはいけません。相手は一所懸命なので、とても落ち込んでしまいます。軽く扱ってはいけません。

相手が話しにやって来たら、仕事を中断し、にこやかに用件を聞く態勢を整えましょう。それが、リーダーになる人がやることです。

私は、15分以内なら、人の話を聞くように心がけています。

また、セミナーの懇親会では各テーブルを回り、全員の質問を受けるように心がけています。時間の許す限り答えます。一人ひとりと向き合いながら、話を聞くことが自分の役割だと思っているからです。

相手にとっては私だけです。しかし、私にとって相手は○○人中（セミナー受講者の数）の1の存在です。私にとっての患者さんは○○人の内のひとり。でも、患者さんにとっては私だけです。この状況では、相手は絶対に不安です。そういう気持ちをくみ取ってあげることがリーダーになる人の条件でもあります。

80

果報は練って待て

——準備のレベルによって、見えることが変わる

●本多流「果報は寝て待て」

果報は寝て待て、とよく言われます。幸運の訪れは人間の力ではどうにもならないから、焦らずに時機を待ちなさい、ということです。

しかし、本多先生は、機会を捕えて果報を得るには、寝て待つだけではいけないと言っています。

一か八かのギャンブル的な考えをやめ、準備することが大事だというのです。

ニュートンはリンゴが地面に落ちるのを見て引力を発見しました。ワットは、鉄瓶のフタが動くのを見て蒸気機関車を発明しました。リンゴも、鉄瓶も、どこにでもあるけれど、見る人の力によって発見、発明のもとになる。

機会は常に私たちの前を通過していますが、それに気づけなければ、さっと通り過ぎてしまいます。注意力、知識、勇気がなければ、果報は得られない。つまり、成果は普段の準備によって得られるのです。

私は価値ある人生を生きるために、人と違うポジションを確立することを意識して準備していました。講演で話すことやインタビューでは、常に人と違う視点で話していました。それが、編集者の目に留まり、一冊目の本の出版につながったのです。

81

老いることの遅い人は、それだけ何かしら生存の理由をもっている人たちである

――程よい緊張感を持つと、生涯活躍できる！

●「達成するまでやめられない！」という使命感が活力を生む

老いても、事業、研究を重ねている人は、疲れてしまいそうですが、実はその逆です。

若い人々に交って、活動を続けている人は老いません。

人が活動すると、新しい希望が生まれます。希望は生きる力の源です。絶えず働き続けると、希望の灯が消えることもありません。

私のセミナーの関係者には、若い人からベテランまで幅広い年代の人がいます。医院のスタッフもそうです。いろんな業種のいろんな年代の人々と接することで、大いに刺激をもらっています。

若い人からは、学ぶことがたくさんあるので、コミュニケーションを取るときにもちょっとした緊張感が生まれ、いい刺激になっています。

また、使命感を持ってやるべきことがある人は老いにくいと私も思います。達成するまでやめられないという緊張感は、一種の活力を生むのです。

だからこそ、私は仕事において生涯現役でいたいと考えています。使命感を持ち、幅広い年代の人たちと仕事をすることが、若さを保つ秘訣です。

82

人の成功も幸福も家庭の平和《へいわ》繁昌《はんじょう》も、
社会の進歩発達も、
この三欲の善用から起こるのである

――「銀座のクラブ通いをやめてください」と言われた
70代成功者の答え

●欲の善用ほど「成功をつかむための武器」はない！

あるとき、とても面白い話を聞きました。

70代の男性が太りすぎて体調を崩したため、「銀座のクラブ通いをやめてください」と医師に言われました。お酒を飲むとますます太ってしまうからです。

その男性はどうしたでしょう。

ジムに通い、ダイエットして、クラブに通い続けたのです。

いい悪いは置いておいて、欲というものはここまで行動を促すのです。

欲は消そうとするのではなく、うまく使うことで、自分を動かす原動力になる。

本多先生は、食欲も、性欲も、自由欲も善用すれば、これほどありがたいものはないと言っています。

当然ですが、これらを悪用してはいけません。

「何不自由ない生活をするために出世したい、成功したい」という欲望がどれだけ私たちの努力を手伝ってくれるかは想像すればわかるでしょう。

3つの欲は、善用させることで、成功をつかむための強力な武器となります。欲を否定してはいけません。

83

不成功者の多くは、
いずれも成功者と同じように努力しているのだが、
ただそれがもう一歩というところで苦しくなり、
迷い心が生じて、その努力を中止してしまうのである

――あと一歩で成功できるところまでは誰もが行きつくが……

●成功者とその他大勢の差はほとんどない

成功する秘訣は、一度決めた方針を変えないことだと本多先生は言います。どんなに難しいことでも、努力を続ければ、最終的には達成できてしまうものです。

多くの人が、もう一歩というところでチャンスを逃してしまいます。あと少しで達成できる所までは誰もが来るのです。しかし、行動をやめてしまう。

最後まで、なんとか前進してください。

苦しいとき、私は「この状況を乗り越えて成功する覚悟があるのか」を試されているのだと考えるようにしています。

当たり前ですが、どんなことでも、達成するまでやり続けなければ成功することはありません。

情熱と強い思いがないと、乗り越えられないことがあります。

乗り越えられなかったということは、達成への信念を持っていなかったということです。

「これを乗り越えられないと私は困る」

こう、覚悟を決めて邁進《まいしん》してください。

84

品性の高尚《こうしょう》な人は、
しだいに社会の信頼と尊敬を受けて、
徳望《とくぼう》おのずから高まり、
自然に成功の域に達するものである

――品格ある人が持つ４つの力

●成功する人は、悪いクセを持っていない

成功するためには、人格を磨くことが必要不可欠です。人格を高めるには、品性を高める必要があります。そうすることで、悪いクセが修正されるからです。

では、高尚な品格とは、どのようなものなのでしょうか。本多先生は、次の４つが条件だと言います。

１　良心が健全で、責任義務の観念が強く、正直で公平廉潔《れんけつ》である
２　誠実親切で仁愛に富むこと
３　意志強固にして、あらゆる誘惑に打ち克ち、正義を支持する
４　立ち居振る舞いが正しく、言動が下品でないこと

これら４つを兼ね備えると、品性の光が人格の匂いとなって表われるのだそうです。こういう人は、高いステージで活躍することができると言います。

私もたまにこの人は高い人格を持っているなという人に出会います。そういう人は、常に周りを気づかえて、立ち居振る舞いや言葉もきれいです。さらに、困った人に手を差しのべるやさしさを持っています。

人格の備わった人は、接していて安心感があり、引く手あまたの存在です。

85

時と場合によっては、急がば回れの必要もある

——回り道をしている間に、楽に成功できる道が見つかる

なぜ、三笘選手はすぐプロにならなかったのか？

ここまでやったから、やめられない。どんな困難も征服する。このような、偏屈なこだわりを持つのは良くありません。

どうしてもうまくいかないときは、一直線にゴールを目指すのではなく、回り道をしてみましょう。すると、意外に、楽に登れる道が見つかったりします。

サッカー日本代表で今一番注目されている三笘薫選手は、高校卒業時に、川崎フロンターレのプロチームからオファーが来ていました。

しかし、まだ自分はプロになる準備ができていないと、筑波大学への進学を決めます。筑波大学で、フィジカル、テクニック、食事、メンタルなど、プロへの準備を積み重ねました。

2020年に川崎フロンターレでデビューし、プロ1年目を13得点12アシストというすばらしい成績で終え、ベストイレブンに選出される活躍をしました。現在、プレミアリーグのブライトンでの活躍はみなさんご存じの通りです。

大学に進学し、一見回り道をしたようですが、しっかりと準備したことで今の活躍があるのだと思います。

第６章まとめ

・自分と相手を同じ価値にするから
コミュニケーションはうまくいく

・気楽にやってしまった言動が、
将来的に足かせになるから注意！

・３つの欲は成功をつかむための
最大の武器となる

・お金とは、
社会や人にどれだけ貢献できたかを測るもの

・緊急の仕事、嫌な仕事、
好きな仕事の順で片づけると成果が出る！

・仕事が忙しいときほど、
プライベートを充実させられる

・遠慮すると、心の明るさと元気が減る

第7章

心配と無縁に生きる

～新しい自分で100％幸福な人生を歩む～

86

いったん思い付いたことはあくまでも徹底し通すということが大切だよ

――「やらないと気持ち悪い」が習慣化のコツ

●残れば成功！

「4分の1天引き貯金」「腹八分」「1日1頁原稿執筆」……、本多先生はいったん思いついたことを徹底して実行しました。

一度始めていいと思ったことは決してやめずに、実行し続けることが大切です。やらないと気持ち悪い。これくらいの徹底が必要です。

人と違った人生を生きるには、継続力がものをいいます。

同じようなことをやっていても、みんなやめていきます。人がやめていく中、やり続けて、残ればいいだけなのです。

どんなに下手でも、数をこなせば上手になる。たったひとつのことを繰り返すと、人が驚く成果が生まれる。

継続に勝るものはありません。私は、フェイスブックの投稿も、出版も、とにかく10年以上続けてきました。気づくとライバルがいなくなりました。体づくりも10年以上続けたことで、何を着ても似合うねと言われるまでになりました。

継続に才能は必要ありません。私に特殊な能力があったから結果を手に入れられたのではなく、ただただ継続したことによって手に入れたのです。

87

明日の仕事をきょうに、
明後日の仕事は明日にと、
順次手回しよく片付けるようにしておきたい

――細かい部分にこだわる時間を生み出すちょっとしたコツ

●時間の差が、成果の差になる

ちょっとだけだとしても、早めに仕事を処理していくのと、先延ばししていくのでは、大きな違いが生まれます。

仕事をどんどん前倒しで行なっていくと、余裕があるのでどんなトラブルが起きてもあわてることがありません。トラブルを未然に防ぐこともできます。

仕事を先延ばしして溜め込んでいると、それが心残りになって気になり、家に帰ってもしっかり休むことができません。それが影響して、休日も仕事をすることになって、心身共に消耗してしまいます。

私は本の原稿ができたら、期限よりも早く読んでフィードバックするようにしています。編集者がゆとりを持って仕事ができるからです。

より良い本をつくるためには、前倒しで仕事を行ない、細かい部分にこだわる時間を生み出すことが大切です。

先手先手で仕事を片付けていくとスキマ時間が生まれます。その時間があるから、仕事に工夫ができるのです。時間的、精神的なゆとりがあると、俯瞰《ふかん》して物事を見る余裕が生まれて、改善点にも気づきやすくなるメリットもあります。

88

私が平凡愚劣の生まれつきをもって、
しかも、なおかつ割合に
幸福感謝の長い人生を享楽し得たのも、
ひとえにこれ、早くから自らの「人生設計」をたてて
実行に努力してきたおかげである

――なぜ、計画を立てると潜在意識が働くのか？

●脳のＲＡＳ機能を働かせる

本多先生は、計画した通りに生活をすると、次のような効果があると述べています。

・仕事の順序を間違わず、一つひとつの仕事がきちんと処理される
・無駄、無理がなく、仕事の出来高が増えて、質も良くなる
・仕事の結果があらかじめ推測できるので、仕事の進行を思うままに制御でき、時間と労力が著しく節約される
・常に前途に希望を持ち、かつ現在に安心できて、いらだちと苦悩と疲労から免れられ、余裕ある生活を送れる
・すみやかに成功し、健康長寿、福徳円満に一生を過ごせる

目標達成の最大の秘訣は、目標を何度も思い出すこと、何度も意識することです。「自分はどうなりたいのか」ということを意識しないと目標は達成されません。

脳にはＲＡＳという機能があり、これは情報収集のためのフィルター機能です。目標が明確になると、ＲＡＳ機能が働き、生活環境の中から、達成に必要な情報を集めてくれます。その情報が潜在意識に蓄積されると、自然と目標達成のための選択と行動ができるようになります。

89

天才に近いものには誰でもなれる

――知識の貯蔵庫を豊かにすると、無意識に高いスキルが発揮される

●天才とは勉強なり

完全な天才になることは難しいでしょう。しかし、天才に近いものには誰でもなれます。本多先生は、ゲーテの『天才論』の中に「天才とは勉強なり」という言葉を見つけました。

一所懸命やれば、だいたいのことはなんでもできるものです。一所懸命やれば、不思議に潜在能力が発揮されます。

手術の練習を重ねてきた今の私と、駆け出しの歯科医の頃の私には大きな違いがあります。

それは、手術中の手です。手術中の手のフォーム、手の動きがとてもきれいになりました。不自然な形も、動きもないのです。

また、講演会の質疑応答もよくお褒めの言葉をもらいます。これも、ただただ質疑応答の回数を重ねたことが大きな理由だと思います。

努力を重ねさえすれば、天才に近いものになれるのです。潜在意識は知識の貯蔵庫と言われています。そこに蓄えられた技や知識は無意識レベルで発揮されるのです。

自分には才能がないと落ち込む時間があるのなら、練習を重ねていきましょう。

90

私は先輩や成功者に対しては、過去の短所や欠点などはいっさい不問にし、ただその長所と貴重な体験のみを聞きたいと考えている

――成功者に品行道徳を求めない！　情報を得られればいい！

●割り切って、「長所のみモデリング」する

先輩や成功者は、自分よりも優れている点が多くあります。そのため、そういう人からは、しっかりと話を聞き、常に尊敬の気持ちを持つべきです。

自分が知りたいこと、迷っていることについて尋ねると教えてくれることでしょう。これはとても大きなメリットです。

先輩や成功者の、短所や欠点には目をつぶってあげてください。

その点を補うほどの長所を持っているからです。その人が、長所を伸ばすために、多大な努力をしたことは認めなければなりません。

特に、品行道徳については、時代によって正解が変わるものです。あまり気にしてもしかたがありません。

人の悪い所を見ても意味がないと私は思っています。なぜ、その人がうまくいったのか、その事実や情報が大事です。

自分が学びたいことと、相手の成功の秘訣が重なっているのなら、話を聞いて活かすべきです。相手の悪い点は自分にはなんの関係もありません。いいところだけ学び、自分の成長に役立てればいいのです。

91

「時を見る」のと「時を待つ」のが成功の秘訣

――いい時期も悪い時期もあるのは、あなたを成功させるため

●動くときと止まるときのメリハリをつける

耐え忍べ、そうして、時の来援を信じて待て──。これが人生計画必成のコツです。時を味方にしなければ何事も成就できません。うまい話はそうザラにはありません し、手っ取り早く成功しようとすると、手っ取り早く失敗します。

真の成功には、近道も裏道もないと本多先生は言います。

順調なときは実力を発揮する、逆境のときは耐え忍び力を蓄える。これが、成功の秘訣です。悪いときは充電期です。実力や能力を上げる時期だと捉えましょう。かえって、人生にリズム感が出ていい、とも言えます。マラソンも全力で走り続けることは不可能です。上げ下げが必要です。

ただ、どんなときでも結果を得るという情熱は持ち続けておいてください。

私は事故に遭ったときに、潜在意識に成功する情報しか入れないと決めました。無意識レベルで正しい選択と行動をしたかったからです。

世界中の成功のプログラムを音声で聴き続けました。日本、中国の古典も読みあさりました。悪いときは、情熱を持ち、再浮上するときの準備期間と捉え、できることを淡々とやりましょう。

92

私どもはあえて、名利のために働くのでなく、
シゴトをするのが面白いから働くという信条
――すなわち努力を楽しむ――
ということにならなければならない

――大経営者が何度も教えてくれるのに、私たちが守れないこと

●なぜか忘れてしまう「種をまかないと、実はとれない」という基本

名誉と利益を求めて仕事をするのは、種をまかずに、花や実を欲しがるようなものです。一方、仕事自体に楽しみを感じられるようになると、種をまき、多くの実をつくり、さらに種をつくることになります。

社会に貢献しながら、自分のためにもなる。これこそ最高の状態です。

「なんのために仕事をしているのか」を明確にしましょう。

私の場合は、患者さんがきれいな歯を見せながら、笑顔で人とコミュニケーションを取ってほしい。一生おいしくご飯を食べてほしい。そんな、幸せな人生を送ってほしくて仕事をしています。

名誉や利益のために働いているわけではありません。患者さんに喜んでもらうから、名誉と利益が与えられると思っています。順番を間違えてはいけません。

私の言うことが、きれいごとに聞こえるかもしれません。しかし、名だたる大経営者も同じことを言っているので、信じてみてもいいのではないでしょうか。

自分のために仕事をしていると、人もお客さんも離れ、名誉も利益も得られません。仕事の目的を明確にして、種をまくから、花や実が得られるのです。

93

何人といえども真に職業道楽に精進すれば、
自然、世の信用も名誉や利益も増して
次第にその生活も高まるとともに、
その職業もまた広範囲に生かされるようになる

——人生に違いを生む「2つの顔を持てないか?」という問い

●コツコツ仕事の範囲を広げると人生にいい影響がある

この20年ほどを振り返ってみると、私は少しずつ仕事の範囲を大きくしてきたことに気づきます。

まずは、歯科医としての仕事に邁進《まいしん》しました。

次に、自分の人生を伝える講演のお仕事が始まりました。

そうこうしているうちに、出版のオファーがあり、著者としての仕事をするようになりました。

歯科医としての仕事が一番太い柱ですが、他の仕事も真剣にコツコツ努力してきました。

歯科医であり、著者でもある。この独自のポジションにより、人とは違う幸福な人生を送れていると思います。

著者というポジションは、歯科医としての仕事にいい影響を与えています。逆に、本業がある強さは、著者としての仕事にいい影響を与えています。

歯科医と著者を真面目に頑張ってきたからこそ、人生全般にいい影響が出てきているのです。

94

一面から見れば功を人に譲ることは、
その勤労の効果を貯蓄しておくようなもので、
いつかは元金に利息がついて返ってくる。
私はこれを勤労貯蓄と称する

——一度、縁の下の力持ちをやっておくと、
大きなご褒美がもらえる

●世の中は相対的に成り立っている

先日、還暦祝いの講演会＆パーティを開催してもらいました。とても良い一日を過ごさせてもらいました。講演会＆パーティを主催してくれたのは、私のコーチングの受講生や親しくしている方々でした。

その中のひとりの方が初めて講演会をするときには、私も精いっぱい協力しました。大きな会場で１０００名の人を集めようと頑張りました。

そのときのことを忘れずにいてくれたのです。恩返しのつもりで、今回、講演会＆パーティを開催してくれました。

こんなに盛大にやってもらえるとは思っていなかったので、とてもうれしかったですし、感動しました。

手柄を自分ひとりのものにすると人は離れていきます。自分の功を他人に譲り、責任は自分で取る。このスタンスでいられる人は、人気者となり、リーダーに押し上げられます。縁の下の力持ちをすることで、成功が近づくのです。

世の中は相対的に成り立っています。人に愛されたいなら、愛さなければならない。成功したければ、人に成功させてあげなければならないのです。

95

一、正しき科学的人生観に徹すること
二、どこまでも明るい希望を持つこと
三、なるべく遠大な計画をたてること

——賢い人生設計のための3要素

●科学と希望のバランスをとると幸福になれる

どんなに優れた計画でも、実現が全く不可能なものなら意味がない。実現の可能性があることを最も大事にする。

しかし、一方で理想を目指し成長する。そして、希望を持って実行していく。

加えて、計画は、焦らない、休まない、怠らないこと。努力し一歩一歩進む。そして、社会の発展に沿わせていく。時勢に適したものにする。

これが、人生計画を行なう人に伝えたい大切な要素だと、本多先生は言います。

一、正しき科学的人生観に徹すること
二、どこまでも明るい希望を持つこと
三、なるべく遠大な計画をたてること

私の本業である歯科医の仕事は、科学を土台として治療を行ないます。

一方で、価値ある人生を送るための講演を行なったり、書籍を執筆したりしており、これは自分自身が希望を持つことにも役立っています。

この2つを長い時間をかけて行なってきたことで、現在の満足いく人生を確立することができました。科学と希望のバランスをとって進むと、幸福になれるのです。

96

親や世間を恨んだり、
境遇を悲観したりするのは
意気地なしの骨頂である

——境遇など関係なしに成功する人は山ほどいる

●どうにもならないことに、いつまでこだわるの？

自分は不遇だ。機会さえあれば、活躍できるのに。このような考えの人が成功するはずがありません。

境遇に支配されてはいけません。

境遇を支配していく力が必要です。

自動車王のフォードは、貧乏な農場の子供で、弁当箱を買うお金すらなく、空き缶を弁当箱にしていたほどです。

鉄鋼王のカーネギーは、子供の頃から流浪して13歳のときに、１週間１ドル20セントで木綿工場の作業員になりました。

大成功者は、貧苦を乗り越えてきました。志があれば、道は開かれるのです。

他人のせいにするということは、自分の人生から逃げるということです。責任を人になすりつけると一時的には楽かもしれません。しかし、現実は何も変わりません。

他人のせいにするということは、自分の力では何も成し遂げられないと思っているということです。人生のコントロールを他人に任せると、より生きづらくなります。

どんな状況になっても、自分のことは自分で責任をとる覚悟を持ちましょう。

97

どうしてもこれでなければならぬという
大事な骨子《こっし》だけは守って、
どうでもいいあとの七八分は、
できるだけほかの人の意見に
花をもたせるのがいい

——8割のことは、他者に譲《ゆず》っていい

●本当に大切な1、2割以外にはこだわらない

あなたの中でどうしても譲《ゆず》れないことは主張し、通すべきです。しかし、それ以外の8割のことは人の主張を採用するようにしてください。

すべてを自分の思い通りにすると、不快に感じる人が必ずいます。また、自分の思い通りに物事を進めすぎると、ひとりで責任を負わされることもあります。

私はいのうえ歯科医院のミッションを決めるときに、スタッフの意見を聞きながらつくりました。

いのうえ歯科医院のミッションは「患者さんのために最幸の医療を提供して、最幸の人生を送ってもらい、最期に感謝される歯科医院になる」というものです。私は、「最期に感謝される歯科医院になる」という文言を入れてくれればいいと言いました。

両親が亡くなる前に、2人にインプラントの治療をしました。「なんでも食べられるし。お前の仕事はとても社会貢献している。ありがとう」と言ってもらいました。人生の最後に感謝したくなる仕事なんだよ、自信を持って仕事をやりなさいと言ってくれたように感じたのです。すべて自分の意見を通す人はリーダーの器ではありません。自分の主張は1、2割に抑えましょう。

98

努力ははじめは多少苦しくとも、
これを続ければ、必ずや面白く、
道楽になるという確信を得た

――仕事の面白さと努力の量は比例する

●努力の最大のメリットは不安がなくなること

本多先生が、山林学校に入学し、第一期に幾何と代数で落第した話は、これまでも紹介してきました。

その後、1000題ある問題集を3週間で終わらせ、次の期からは満点続きとなりました。

また、4年の予定のドイツ留学は、充分な費用を得られませんでした。4年分の学科を2年で卒業することにし、2年間で4年分の学科を残らず聴講し、その間に学位論文も書き上げました。

初めは大嫌いであった文章も、満25歳の9月から毎日14行32文字詰めの文章を1枚以上書きました。この習慣は85歳でも続きました。結局、376冊も本を書きました。

どんなことでも、努力さえすれば、初めはつらくても、道楽になる。面白さは努力の量に比例する。これを、本多先生は証明してくれています。

私も今までジョイントオペを80回ほど積み重ねてきました。初めはつらいこともありましたが、それだけやってくると不安がなくなり、良い仕事ができるようになったと実感しています。

99

途中を楽しみながら登ること

――人生に疲れない人は、途中の眺めも楽しんでいる

●「楽しみながら結果も狙う」という感覚の大切さ

人生はとても長いものです。長い長い道のりだから、行程も楽しまなければ疲れるし、味もそっけもなくなります。途中の眺めも観賞していくべきです。急いでばかりでなく、時にはそうしたほうが疲れません。

人生はある意味、実験ともいえます。うまくいく実験もあれば、いかない実験もあります。

私は、うまくいかなければ、他の実験をすればいいと考えています。いい実験にぶち当たるまで、やり続けることが大事です。そして、その実験自体を楽しむことも大事です。

たとえば、出版も毎回ベストセラーを狙いながら、楽しんでいます。

こんな内容で読者の皆さんに、自分の哲学を伝えるといいんじゃないかな。

こんな実例を出すと、わかりやすくなるんじゃないかな。

経験を基にして話すと説得力があるんじゃないかな。

ベストセラーを出すことも重要ですが、本のつくりをいろいろと考えていくのも、とても楽しいものです。楽しみながら結果も狙う、この感覚を持つことが大切です。

100

一度得た幸福をそのまま永久に持続するためには、
必ずや自己の不断の努力により、
これを向上させて行かなければならない

――いつまでも幸せであるために

●変わり続けなければ、手に入れたものを手放すことになる

小より大、下より上、幸福はこのように変化するべきです。しかし、幸福は、固定されるわけでも、永遠に続くわけでも、絶対的なものでもありません。

お金持ちの子供が、小さいときはいきいきしていたのに大人になると活気を失う。お金持ちが飽食して不健康になる。こんなことはよくあります。

幸福をつかみ、持続させるためには、努力が必要なのだと、本多先生は言います。成功や幸せを続けたいのなら、謙虚であるべきだと私は考えます。おごってはいけません。常に自分はこれでいいのかと考え、成長できる要素を見つけ出し、努力していくことで、人生のステージを高めて、幸せを得ることが重要です。

講演会でお話をしたあと、参加者の方々からの喜びの声をいただくとうれしく思います。参加者の人々の心が私から離れてしまうと、この幸福は得られなくなります。

私の中の核となるノウハウを伝えつつも、今まで話してこなかったこともお伝えして、常に新しい学びを持ち帰ってもらえるようにしなければなりません。

そのために、私はいろんな世代の人と話をし、読書をし、新しいプロジェクトに挑戦し続けています。あなたも、成長し続ける人生を歩んでください。

第7章まとめ

・二足のわらじをはくために、
仕事の幅を広げられるときに広げておく

・時間と精神のゆとりが、仕事の質を上げる

・「目標を意識して、
あとは脳にお任せ」が達成の秘訣

・なんでもできるようになるのが人間だと、
どっしり構える

・質のいい情報をくれるのなら、
相手のキャラは気にしない

・成功には、順調なときも、逆境のときも必要

・実をとるために、
「ビジネスの流れ」を忘れないようにしよう

101

人間には非常に強い力が隠されていて、
平常は現われないが、
イザという時には不思議に発揮される、
潜在意識というものである

――潜在意識を働かせて、幸せと成功しかない世界を生きよう

あとがき

本書を最後まで読んでいただき、ありがとうございました。

蓄財王、本多静六先生の人生哲学は、いかがでしたか。

お金、仕事、人間関係、生活の仕方において、成功と幸せをつかむための説得力のある術がたくさんあったと思います。

その知識は、今、あなたの中に入りました。

潜在意識は、知識の貯蔵庫にあるものを使って、無意識の選択と行動をしていきます。

つまり、あなたは、今、幸せになるための人生を歩み始めました。潜在意識は、本多静六先生の知識を使い、人生に満足感を得られるようにあなたを動かしていくでしょう。

潜在意識が働くのは、目的があるからです。あなたの理想の姿があるからこそ、それを達成するように働きます。

今、あなたはすごく良い状態にあります。本多静六先生が生涯をかけて考え出した成功、幸せをつかむための哲学が、あなたのものになったからです。

だからこそ、あなたの理想を常に意識してください。日々の生活の中で、何度も思い出してください。

すると、潜在意識は、理想を叶えるために必要な選択と行動を、本書の知識を使って行なってくれます。

あなたの今までの経験と知識、私の経験と知識、本多先生の人生・成功哲学、この3つが今、あなたの潜在意識の中に蓄えられています。

成功、幸せをつかむための材料はそろいました。あとは、その材料を使うだけです。

あなたは、人生に迷ったとしても必ず打開できる。

あなたが、夢、理想に向かえば必ず達成できる。

本多静六先生は、生涯で376冊もの本を執筆するほどの知の巨人であり、蓄財王です。

その人生哲学は、必ずあなたを幸せに導き、価値ある人生を現実のものとしてくれます。

井上裕之

著者略歴

一九六三年、北海道に生まれる。いのうえ歯科医院理事長。歯学博士、経営学博士。東京医科歯科大学非常勤講師を含め国内外七つの大学で教職を務める。世界初のジョセフ・マーフィー・トラスト公認グランドマスター。東京歯科大学大学院修了後、ニューヨーク大学、ペンシルベニア大学、イエテボリ大学などで研鑽を積み、故郷の帯広で開業。ジョセフ・マーフィーの「潜在意識」と、経営学の権威ピーター・ドラッカーの「ミッション」を統合した独自の成功哲学を提唱。「価値ある生き方」を伝える講演家として全国を飛び回る。

著書には『人生の黄昏を黄金に変える「賢者のかけ算」』(サンマーク出版)、『一流の人間力』(ディスカヴァー・トゥエンティワン)など多数あり累計一三〇万部を突破。

1日《いちにち》1分《いっぷん》 蓄財王《ちくざいおう》・本多静六《ほんだせいろく》の金言《きんげん》
——価値《かち》ある人生《じんせい》をつくる生《い》き方《かた》

二〇二三年七月六日 第一刷発行

著者 井上裕之《いのうえひろゆき》
発行者 古屋信吾
発行所 株式会社さくら舎 http://www.sakurasha.com
東京都千代田区富士見一-二-一一 〒一〇二-〇〇七一
電話 営業 〇三-五二一一-六五三三 FAX 〇三-五二一一-六四八一
編集 〇三-五二一一-六四八〇 振替 〇〇一九〇-八-四〇二〇六〇

装丁 村橋雅之
写真 Plainpicture/アフロ
編集協力 森下裕士
本文組版 株式会社システムタンク(野中 賢)
印刷・製本 中央精版印刷株式会社

ISBN978-4-86581-393-7